5000人以上を指導したカリスマ講師が教える！

教員採用試験面接試験攻略法

TOSS 教員採用試験全国事務局長

岸上隆文 監修

JN069776

つちや書店

はじめに

　教員採用試験を行う各自治体は、平成30年の学習指導要領改訂をうけて、受験者に様々な変容を求めています。

　令和2年現在、コロナ禍の影響もあり、ICT教育の推進がより活性化されています。1人1台タブレットを早急に導入するよう、動きを前倒しにした自治体も多くあります。そういった最新の教育事情に精通し、現場で実践できる教員が求められているのです。

　少子高齢化社会が進む中、また教員のブラック化が叫ばれる中、教員採用試験の倍率は全体的に下がってきました。合格しやすくなったと思われるかもしれませんが、前述の通り求められるスキルは今までと大きく異なってきました。

　本書は以下の3種類の方に読んでほしいと思っています。

1 何が何でも教員採用試験に合格したい方
2 教師への転職を考えている方
3 教員採用試験を受けようかと思っている学生

TOPIC ①

教員の平均年齢の変化

　教員の平均年齢は90年代以降上昇を続けていたが、1980年前後に大量採用された世代が退職期に入ってからは小・中学校において若返りが進んでいる。2016年の平均年齢は小学校が43.4歳、中学校43.9歳、高校46.0歳となっている。

　ただし、都心部では30代や40代の教員が少なく、20代と50代の教員ばかりの学校が増えているなど、年齢バランスの面での問題もある。

教師は魅力的な仕事です。日々子どもたちと過ごしていくなかで、ともに成長し、さまざまなドラマが生まれます。一生懸命勉強をし、誠実な努力をしていると、子どもたちは笑顔を返してくれます。給料をいただきながら、本当に楽しく充実した人生を送ることができます。

　しかし、教師になるためには、「教員採用試験（教採試験）」を突破しなくてはなりません。試験や形態は自治体によってさまざまです。全国を回ってきて対策を行っていくなかで、多くの成功法則を見つけてきました。例えば次のようなことです。

「面接で圧倒的な魅力を発揮できる人は、倍率が10倍以上であっても受かる！」
「何年も採用試験を落ち続ける人は、面接での負けグセがついている」
「採用試験の合格には日常の生活の充実度が反映される」

　つまり自分の魅力を上げていくこと、そして悪いクセを修正していくこと、日々充実して生きていくことが試験対策でもっとも有効なのです。このような情報は多くの採用試験本には書かれていません。それは私が全国を回り試験を受ける生の受験生の姿を見てきた事実、教員採用試験対策を継続的に実施して、多くの人を変化させてきた実績があるからいえることだと思っています。

　そうはいっても、教員採用試験は各自治体によって内容が異なり、行うべき対策も異なっています。また同じ「中学校教諭」でも自分が希望する科目や自治体によって倍率もそれぞれ違います。

採用試験（中学校）
　　社会科…89人中6人合格　　　　理科…40人中20人合格

　これは、ある県の採用試験の例です。社会科の倍率が15倍近くなのに対

し、理科は2倍。同じ中学校でも教科、自治体によって、合格者数は全く違うのです。

　もちろん、理科であっても倍率が10倍を超える所、社会でも倍率が低い自治体もあります（一般的には社会科の受験者が多く、理科や数学の受験者が少ないという傾向はあります）。

　要するに、「その自治体がほしい人物」でなければ、採用されにくいのです。これに加えて各自治体が求める人物像も異なっています。こうした自治体の傾向は、真っ先に各自治体のホームページなどで確認しておきましょう。

人物重視の流れで「面接」が重要に

　新聞やテレビでは学校や教員に関するさまざまな事件や問題が報じられています。いじめや不登校、体罰、学級崩壊、モンスターペアレント、少年犯罪に教育の不祥事……。これらに加えて、最近では教員のオーバーワークや、ストレス増大などによる教員の休職者増加など、新たな問題も次々と浮上しています。

　こうした教育問題の解決、また、多様な価値観を持った保護者や地域社会への適切な対応も求められており、それが教員採用試験の傾向にも変化を及ぼしています。

TOPIC 2

土曜授業が増加

　文部科学省が公立校を対象にした調査によると、土曜授業の実施校が以前に比べて増加傾向にある。

　文科省は調査結果について「学力向上のための授業時間の確保に関心が高く、学校教育法施行規則改正と相まって、土曜授業を実施する学校が増えた」としている。学習指導要領の改正で授業の総時間が増えており、今後も土曜授業を行う学校が増えていきそうだ。

2015年		2018年	
小学校 実施率24.6%	→	**小学校** 実施率26.3%	
中学校 実施率25.0%		**中学校** 実施率26.3%	

かつては筆記試験で高得点を獲得したほうが、形式的な面接を経て合格する傾向がありました。しかし、最近では大学の内申点を重視したり、人間性や社会性の高さを面接で見るなど、人物本位の選考へと移行しています。

　その一方で、面接に関しては何の準備もしないで臨んでしまう方も少なくありません。自分の一生を決める試験、人生をかけた試験ですから、万全を期して臨みましょう。

　私はこれまで、500以上の会場で述べ5000人以上の方を指導してきました。そのエッセンスが詰まった本書を読んで、多くの方が採用試験合格という栄誉をつかんでほしいと思います。

　そして、その先にある、子どもたちを世界に誇れる日本人として、大切に育てていけるように、ともに素晴らしい教師になる努力をしていけたらなと思います。

TOSS教員採用試験全国事務局　教採塾　岸上 隆文

CONTENTS

Chapter 10　模擬授業と場面指導　175

COLUMN

付録

Chapter 1
教員採用面接の ギモン

まずは一般の就職試験とは異なる、教員採用試験の特徴について紹介。競争率が高い選考試験を突破するには、どのような方策をとればよいか。そして、面接試験以外の試験（筆記試験、小論文試験）の攻略ポイントについても触れていきます。

教員採用試験 はじめの一歩

- どんな試験なのか?
- 何から始めればよいのか?

受験する自治体の情報を知るのが第一歩

　公立学校の教員になるのに、避けては通れないのが教員採用試験（教採試験）です。正式には「公立学校教員採用候補者選考試験」といい、各都道府県のほか、横浜市や福岡市などの政令指定都市ごとに実施しています。

　そのため、傾向や対策も自治体ごとに異なってきます。つまり、試験を受ける人は、受験を希望する自治体の情報を知る必要があります。以下の4つを知り、それから試験勉強を始めましょう。多くの場合、各自治体のホームページや教育委員会に連絡すれば、手に入れることができます。

試験勉強を始める前に知っておくべき「4つのチェックポイント」

　試験勉強の時間には限りがあるので、最大限に効率を上げたいところ。ある程度の見通しを持って進めるためにも、自分が受けようとする自治体の情報を入手しておきましょう。

- 募集人数・倍率
- 自治体の求める人物像とおおまかな日程（書類選考、1次試験、2次試験など）
- 受験科目とその配点の把握（どこに重点が置かれているか、模擬授業があるか）
- 試験の雰囲気（先輩、本から）

教員に求められている資質・能力

いつの時代も教員に求められる資質・能力

- 教育者としての使命感
- 人間の成長・発達についての深い理解
- 幼児・児童・生徒に対する教育的愛情
- 教科等に関する専門的知識
- 広く豊かな教養

➡ これらに基づく
実践的指導力

今後とくに求められる資質・能力

① **地球的視野に立って行動するための資質・能力**
- 地球、国家、人間等に対する理解
- 豊かな人間性
- 国際社会で必要とされる基本的な資質・能力

② **変化の時代を生きる社会人に求められる資質・能力**
- 課題探求能力
- 人間関係に関わるもの
- 社会の変化に適応するための知識および技術

③ **教員の職務から必然的に求められる資質・能力**
- 幼児・児童・生徒や教育の在り方に関する適切な理解
- 教職への愛着、誇り、一体感
- 教科指導、生徒指導のための知識、技能および態度

文部科学省ホームページより

COLUMN 1

教員になるために必要な「教員免許状」

　教員になるために必要な国家資格「教育職員免許状」は、一般的には教職課程がある大学で、所定の教育を受けることで取得できる。また大学時代に教員免許を取得しないまま社会人になった人でも、各都道府県の教育委員会が推薦に基づいて行う教育職員検定に合格すれば、特別免許状が授与される。ただし、その資格効力は検定を受けた都道府県内に限定される。

　ほかにも普通免許状を有する者を採用できないときに限って授与される臨時免許状がある。有効期限は原則3年、こちらも各都道府県内のみで効力を有する。

今、求められている人材とは?

■ 今、教育現場ではどんな人材を求めているのか?　求める人物像を知っておく
■ 採用される人と採用されない人の違いを知ることで、合格への道も近づいてくる

情熱や意欲のある人が求められている

　文部科学省では「使命感を持っている」「豊かな人間性がある」「確かな指導力」という3点を、とくに重視しています。教員として求めている人物像は、各自治体によって異なりますが、熱意や意欲がある人を第一に求めています。

　現実としては、そこに体力も含まれています。教員はハードな仕事で土日も仕事をしたり、家に仕事を持って帰ったりすることがあります。そのため最初の数年で辞めていく教員も多くいます。なかには新人教員の約4分の1近くが辞めてしまう都道府県もあるそうです。せっかく採用し、初任者研修を行った若者に辞められたら自治体も困るので、"負けない強さ"を持っている人を求めているのです。

合格者になるためのチェックリスト

　採用される人には、ある程度の共通点がみられます。以下の求める人物像を見て、自分が当てはまるかチェックしましょう。

①情熱と意欲を有している
子どもへの対応や教育・指導に対して情熱と意欲を持ち、誠実に取り組む姿勢のある人が、現場でもとくに求められています。このような姿勢は試験前に慌てて植えつけられるものではなく、普段から培ってできるもの。そのため、試験を受ける前から「教員になる」という目的意識を持ち、自分が教員になったらどうしたいかを日々考えることで育まれていきます。そしてこの情熱や意欲は、教員採用試験突破の後押しとなるのです。

②実践的な指導力・授業力がある

教育の現場では、即戦力も求められています。子どもをまとめる指導力や授業力を有している人は、採用されやすい傾向にあります。自信がない人は、教育実習だけでなく教育ボランティアなどにも参加し、実践的な指導力を培う機会を増やしてみましょう。

③明るくて柔軟な対応力を持つ

当たり前かもしれませんが、暗い人よりも明るい人のほうが採用される確率が高いです。また現在では保護者や地域社会の人と交流する機会が増えていますが、そういった状況で、硬直的でなく柔軟に、明るく対応することが求められています。

④思いやりがあって心が豊か

教員ははるか年下の子どもに接するわけですから、温かい心と思いやりを有していることが大事です。心の豊かさは立ち居振る舞いや言葉の節々に表れるとされています。

⑤使命感や責任感を有している

自分なりに「こんな先生になりたい」「教員になったらこうありたい」という理想の教師像が明確にある人は、教員として採用されやすい傾向にあります。

⑥社会人としてのマナーを有している

先生が子どもたちのお手本であることを考えれば、服装や身だしなみがしっかりしている、あいさつがきちんとできるなど、社会的なルールを持ち合わせていることは大事です。

「求める人物像」で自治体別にみるポイント

各自治体の求める人物像で一番大切なのは最初と最後の項目に、その自治体の真に求めている人物像である場合が多いのでチェックしておこう。

教育委員会が求める教員像 (公表している内容)

東京都
- 教育に対する熱意と使命感を持つ教師
- 豊かな人間性と思いやりのある教師
- 子どものよさや可能性を引き出し、伸ばすことができる教師
- 組織人としての責任感、協調性を有し、互いに高め合う教師

長野県
- 教育者としての使命感と責任感を持ち、社会人として規律を遵守する人
- 教育への情熱を持ち、真摯に子どもを理解しようとする人
- 豊かな人間性と広い視野、確かな人権意識を持ち、子どもや保護者の思いに共感できる人
- 同僚や保護者、地域の方々と協力し、共に汗を流し行動する人
- 創造性と積極性があり、常に向上し続けようとする、心身のたくましさを持っている人
- 幅広い教養と教科等の専門的な知識・技能を持ち、柔軟に対応することができる人
- 探究的な学びや、校内外での様々な活動に対して、積極的に取り組むことのできる人

横浜市
- 教育への使命感や情熱をもち、学び続ける教師
- 「チーム学校」の一員として、ともに教育を創造する教師
- 子どもによりそい、豊かな成長を支える教師

大阪市
- 豊かな人間性
- 実践的な専門性
- 開かれた社会性

競争倍率から見えること、決めること

■ 採用試験は「その自治体がほしい人物を選別する試験」である
■ 自分の希望と競争倍率を比較しながら、ベストな選択を心がけよう

魅力的な人物でも倍率が高いと合格できない！

　教員採用試験は教科・自治体別に行うので、競争倍率も受験者数も年度と自治体で大きく異なってきます。右図でも、合格率が2倍台と低い地域があるのに対し、競争倍率が15倍以上という地域もあります。また、中学校や高校では教科ごとに試験を行いますが、**社会・体育など教育学部以外で免許が取れる教科は倍率が高く、理数系は倍率が低い**という傾向があります。競争率がすべてではありませんが、倍率が高いと魅力的な人でも合格できない場合があります。

　倍率が高い青森県の小学校を志望している場合には、比較的倍率が低い新潟県を併願すれば合格する確率は上がります。**「自分が自治体を優先するか、教科を優先するか」**まずそれを決めるのが大切です。

教員採用試験の倍率で気をつけるポイント

● **高校よりも小学校のほうが、競争率が低い**
　ある年の採用では、小学校が2.8倍、中学校が5.7倍、高校が6.9倍。小学校では採用者数が増えているので、門戸が開かれている。

● **自治体によって競争率が異なる**
　高校だと北海道が4.7倍、秋田県17.6倍など、極端に差が開いている。

● **人文系よりも理数系のほうが合格しやすい**
　ただし、教員の定年退職による新規採用の増加により、地域差もあるが人文系の競争倍率も低下しつつある。

各自治体の教員採用試験の競争倍率の例

自治体名	小学校(倍率)	中学校(倍率)	自治体名	小学校(倍率)	中学校(倍率)	自治体名	小学校(倍率)	中学校(倍率)
北海道・札幌市	1.7	3.5	静岡県	2.8	3.8	熊本県	—	—
青森県	2.8	8.5	愛知県	3.4	5.7	大分県	2.1	4
岩手県	2.9	4.4	三重県	5	11.1	宮崎県	1.8	5.3
宮城県・仙台市	2.2	—	滋賀県	3.3	6.1	鹿児島県	4.3	8.6
秋田県	2.6	7.3	京都府	4	6.5	沖縄県	4.7	—
山形県	2.4	3.1	大阪府・豊能地区	4.9	9.6	さいたま市	3.4	—
福島県	2.6	7.2	兵庫県	6.1	7.1	横浜市	3.9	8.4
茨城県	2.2	3.1	奈良県	4.5	5.3	川崎市	4	5.3
栃木県	3.1	4.7	和歌山県	2.5	6.3	相模原市	5.8	6.4
群馬県	5.5	3.3	鳥取県	2.1	4.5	新潟市	1.8	—
埼玉県	3.2	6.4	島根県	3.1	5.8	静岡市	2.4	3.8
千葉県・千葉市	2.6	—	岡山県・岡山市	2.4	4.9	浜松市	2.7	3.9
東京都	—	—	広島県・広島市	1.8	4.5	名古屋市	3.1	—
神奈川県	3.8	6	山口県	2.1	4.5	京都市	4.4	10.2
新潟県	1.2	2.4	徳島県	3.4	5.5	大阪市	2.4	6.3
富山県	2.2	—	香川県	3.6	5.4	堺市	—	—
石川県	3	—	愛媛県	1.9	3.4	神戸市	4.3	—
福井県	2.9	—	高知県	5.8	9.5	北九州市	1.7	3.2
山梨県	2.9	4.3	福岡県	1.3	3.9	福岡市	4.9	13
長野県	3.3	5	佐賀県	1.6	3.9	熊本市	3.1	7.4
岐阜県	2.5	3.9	長崎県	1.8	5.9			

文部科学省ホームページより

CHECK! 試験対策の情報をチェック

　試験を攻略するうえで重要な情報収集に役立つのが、教員採用試験の経験者などが開いているホームページや動画配信。有益な情報が得られるほか、掲示板などで試験勉強の相談にのってもらえることもある。うまく利用して、試験合格をグッと近づけよう。

主な教員採用試験の関連ホームページ

●教採塾ブログ
47都道府県（各政令指定都市）の教採試験に対応。
https://kyosaijuku-kishigami.com/

●教員ドットコム
教員採用試験の体験記のほか、面接対策のページなどがある。
http://www.kyoin.com/

●教育新聞
教育に関するニュースや最新情報を日々更新。
http://www.kyobun.co.jp/

●NSK＠教採ネット
教科別の傾向と対策が掲載されているほか、オンラインでのテストも。
http://www.nsk-japan.com/kyosai/

教採塾YouTube

教員採用試験の最新情報・合格までのポイントを動画化。面接、模擬授業、願書の書き方などのポイントを伝え、実践的に解説している。

教員採用試験の流れを確認しておく

■ 試験のスケジュールを確認して、効率的な計画を立てるのが合格への近道
■ 採用試験を受ける仲間をつくれば、努力を分かち合うことができる

先がわからない不安をなくす！

「教員採用試験」と今まで受けてきた「大学までの試験」との一番の違いは、ゴールが見えづらいということです。大学受験では、試験日が決まって、それまでの日程を詳細に塾や学校で教えてもらうことができました。しかし、採用試験はいつ何があるのかが把握しづらいので、漠然としたまま学習を始める人も少なくありません。そのため、学習効率も悪くなりがちです。

効率的な勉強ができるためには、**試験を受ける前の年から情報収集を始めておくのと同時に、計画を立てることが大事**です。下記は計画表の一例で、試験の日程や科目のほか、「今までにやったこと」「毎月の目標」「試験最終日までの目標」という項目があります。先の目標を明確にするだけで、学習効率も向上していくはずです。

採用試験への計画表例

項目	書類選考	1次試験				2次試験		
日程	5月15日	7　月　7　日				8　月　25　日		
試験科目	自己PR	教職教養	専門教養	小論文	集団面接	個人面接	体育	音楽
今までにやったこと	1回書いた	50ページ	100ページ	やっていない	やっていない	やっていない	やっていない	やっていない
毎月の目標(11月)	2回目を書いてもらう	過去問3年分を見る	問題集を1回終える	小論文の過去問を見る	模擬面接を10回やる	なし	週2回ジムで動く	なし
試験最終日までの目標	10回書き直す	問題集4回 過去問5年分	問題集6回 過去問5年分	10回書いて人に見てもらう	100回模擬面接をやる	50回模擬試験をやる	全てできるようになる	全てできるようになる

教員採用試験対策のスケジュール例

前年 夏　試験情報の入手

⬇

冬〜3月　基礎力を養成する

- 過去問題で出題傾向を分析・把握する
- 各教科を幅広く体系的に理解する
- 自分のウィークポイントを知る
- 面接・論作文の対策を開始する
- 学習指導要領を通読し、理解する
- 時事的な話題や教育問題をこまめにチェックする
- 自己PRや教育観などの自己分析を始める

⬇

3〜5月　実力を養成する

- 問題集を繰り返し解き理解を深める
- ウィークポイントを補強する
- 面接・論作文トレーニングを本格化させる

5〜6月　総仕上げ期

- これまでの学習の総復習を行う
- 公開模擬試験を受験する
- 問題集やウィークポイントをおさらいする

⬇

7月　本試験

募集要項配布から採用までの流れ

募集要項の配布 (4月上旬〜6月中旬)	願書受付 (5月上旬〜6月中旬)	受験票の交付 (6月下旬〜7月下旬)	1次試験 (7月)	1次試験合格発表 (7月下旬〜9月下旬)	2次試験 (8月上旬〜10月上旬)	2次試験合格発表・名簿登載 (9月上旬〜10月中旬)	説明会 (10月上旬〜11月下旬)	面接・採用内定 (9月下旬〜3月上旬)	採用 (3月下旬〜)
各教育委員会にて配布。郵送も可能だが、インターネット申し込み限定の場合もある。	受付期間が短いこともあるので要注意。主に郵送と持参。	受験時には欠かせないので、なくさないようきちんと保管する。	採用試験は自治体ごとに異なる。日程はその年ごとに変わるので、最新情報はきちんと把握しておく。	この段階で採用予定数の1・5〜3倍程度に絞り込む。	試験は面接が中心で、模擬授業なども行われる。	合格者は採用候補者として名簿に登載。試験の成績でランク付けされる場合もある。	各教育委員会で開催。採用に関する説明を行う。	教育委員会の担当者や学校長などと面接。近年は早期に内定するケースが増えている。	4月1日付で採用され、勤務を開始する。

試験対策の方法と長所・短所

試験勉強の進め方はさまざまあるが、それぞれ長所と短所がある。自分に合った方法で準備を進めていこう。

独学　自分のペースで勉強ができ、場所や時間などにとらわれることがない。ただし、基本は1人なのでモチベーションの維持が難しく、情報入手の面でも不利がある。

予備校　それなりに費用がかかり、通学するための時間も必要になるが、確かな情報に基づいたきめ細かな対策を行える。また仲間がいるのでやる気が保てるほか、試験情報も入手しやすい。

通信講座　独学と予備校の中間。教材費はかかるが、自宅にいながら予備校レベルの教育が受けられる。ただし、学習スタイルは独学と一緒なので、モチベーションの維持が重要となる。

筆記試験の効率的な学習方法

■ 筆記試験は、基礎的な学力があるかどうかを判断する "落とすための試験"
■ 同じ問題集を繰り返し解くことで、理解度を深める方法がオススメ

試験内容や点数配分を知り対策を打つ

　教員採用試験は通常１次、２次の２段階で行われますが、**１次試験は基礎的な学力を有しているかどうかを判断する筆記試験が中心**になります。自治体によって点数の配分はさまざまで、７〜８割が筆記という地域もあれば、面接のほうが点数の比率が高い地域もあります。

　採用試験の点数配分は、筆記試験が７割の自治体もあれば、３割の自治体もあります。そのため、**配点を知り、筆記試験、論文、面接、それぞれに注ぐ力の割合を決めるべき**です。試験の配点はホームページに載っている場合とそうでない場合があります。ただし、受験者には原則公開されるので、昨年度受けた人に聞けば確実にわかります。**先輩とのつながりなど、人脈を活用しましょう。**

一般教養・教職教養・専門教養の特徴

一般教養　社会人として必要とされる人文科学（国語、歴史、英語、地理、倫理、思想など）、社会科学（政治、経済、時事問題など）、自然科学（数学、理科系）などからなる。科目は全部で20以上あり、出題範囲が幅広い。近年は時事問題の比率を高める自治体が増えている。

教職教養　教育原理や教育史、教育法規、教育心理、教育時事など、教員として必要な知識のこと。一般教養とセットで行う自治体が多いが、なかには一般教養を廃して代わりに論作文を行う自治体もある。

専門教養　実際に授業を行う際に必要な知識と指導力を問う試験。基本的に全教科を教える小学校はすべての教科（国語、算数、理科、生活、社会、音楽、体育、図画工作、家庭）から出題され、中学校・高校は志望する科目のみ出題される。

筆記試験の問題集の選び方

　筆記試験の勉強を具体的にどう進めればいいのかわからない人は、まず受験する自治体の過去問を3年分見てみましょう。県庁などに行けばコピーさせてもらえますが、書店などで売られているので、真っ先に購入しましょう。問題集には書き込み式のものや答えが分かれているものがありますが、もし悩むのであれば2つとも購入し、自分に合うものを選びましょう。

　当然お金もかかりますが、実際にやってみて決めたほうが断然効率的です。なかにはもったいないと思う人もいるでしょうが、自分の将来がかかった大事な試験です。数万数十万円単位のお金を投じるわけではないので、どんどん購入していきましょう。

　もうひとつ重要なのが、相性が合わないとわかったら、その問題集にはいっさい手をつけないことです。「せっかく買ったんだし…」と思う人もいるかもしれませんが、相性が合わない問題集を使っても時間のムダでしかありません。ひとつの問題集をやり切るようにしましょう。

問題のこなし方

CHECK!

　自分に合う問題集を見つけたら、その問題集を6回こなすのを目標にする。ここで大切なのは、1回目は達成率の確認だということだ。まずは1回目を現状の達成率の確認だというと、できない問題にはチェックをつけていく。20％程度の達成率で大丈夫だ。そして2回目から間違えた部分を少しずつ覚えていき、3回目で50％、4回目で65％、5回目で80％と、達成率を徐々に高めていく。そして6回目で9割方できるようになっているイメージで学習していく。

　勉強するときは、間違った問題だけをチェックし、次の問題を重点的に解いていく。できた箇所はさらっと読んで終わりにする。こうすれば、6回目をやる頃には1周を2週間くらいでできるようになる。

　最初の1回目が一番高いハードルなので、ぜひ最初の1回を終えるように努力していこう。

小論文上達のステップ5 書くためのポイント

■ 何となく苦手意識がある論作文を上手に書くためのコツを覚える
■ 論作文の練習は面接にも応用できるので、コツコツと励もう

苦手な人がまずやること

　教員採用試験において、小論文も配点が高い科目の一つです。試験の形式はさまざまですが、1時間前後で800〜1200字の文章を書くことが多いです。8割以上を目安に書いておきたいです。

　小論文に苦手意識を持つ人は、最初に右ページの模範小論文を読んで視写してみましょう。それができたら、次にこの論文のよいところを抜き出していきます。自分が抜き出せるということは、その視点が入っているということです。書き方の例を自分の頭に入れると、その後スムーズに書けるようになります。小論文はいざ書こうとしても、なかなかうまくいかないものなので、早い段階から対策をしていきましょう。

合格小論文のポイント（次ページ例文解説）

①全体の構成（序論本論結論がキーワードでつながっている。）

②序論が課題に正対している。

③本論が具体例➡学び➡それをどう生かしたいか?になっている。

④本論の中に点字サークルでの経験があり、これが「自分が教員として」点字サークルの保護者とのつながりをもったこと、点字の学習ができることなどさりげないアピールができている。

⑤つなぎの言葉がやわらかくて印象がよい。

うーん、なるほど…

合格小論文の例

まずはよい論作文を読み、そこから合格小論文を書くためのコツを学んでいこう。

 問 「人生は自分探しの旅である」を踏まえ、あなたが目指す教師像について述べよ。(800字)

 序論

　人生は自分探しの旅であるとは、人は、学問を学んだり、人と関わったりする中で、自分の理想とする人間になろうと努力し続けることだと考えます。私は、①子どもたちが、人との関わりの大切さを体験し、②学ぶ楽しさを感じる教育(指導、支援)ができる教師を目指します。

本論

　まず、人との関わりの大切さを体験する教育を行うために、学級活動に点字ボランティアの経験を取り入れます。私は、点字ボランティアで、目の不自由な方から調理のレシピをつくってほしいと依頼を受けました。所属していた点字サークルの方々の協力で作成することができました。

　この経験を通して、どんな小さなことであっても、一緒になって形にしていくことで、喜びにつながることを学びました。このことを活かして、学級活動では係活動を充実させて子どもたちの学校生活が楽しくなるためにどんな活動をすればいいかを考える場面をつくります。活動をしてみると、上手にできるところやよくなかったところが出てきます。それを話し合わせ、何かを達成したときの喜びにつなげていきます。

　次に、学ぶ楽しさを実感できる教育を行うために、子どもたちが学ぶ意欲を持てるように、わかる楽しい授業をします。算数の授業で、平行四辺形の面積を求める場面では、既習事項から多様な求め方が出ます。一つ一つの求め方の良さを話し、認めていきます。このようなことを繰り返す中で、どの子の意見も尊重される授業になり、学級全体の学ぶ意欲が高まることにつながります。

　私は小学校のうちに、人との関わりを大切にし、学ぶ楽しさを実感することは、生きる土台になると感じます。

 結論

　子どもたちの人生は自分探しの旅の一部分でも教育(指導、支援)できるように、子どもの姿や同僚、保護者などから謙虚に学び、理想とする教師像に近づくために、教師としての自分探しの旅を続けます。

合格小論文を書くポイント①　―― 序論をしっかりと書く

　よい小論文を書く方法はさまざまありますが、序論（前文）・本論（本文）・結論（結文）で構成された基本の形を身につけるのが、合格への近道になります。23ページの小論文でも、序論と結論の結びに本論が書き加えられており、大変読みやすくなっています。

　とくに序論は、その部分を読むだけで出題意図をきちんと読み取っているかどうかがわかります。いわば起承転結の「起」の部分です。序論がしっかり書かれていないと、出題意図をきちんと読み取っていないとみなされてしまうので、十分注意しましょう。

合格小論文を書くポイント②　―― 的確な「つなぎ言葉」を入れる

　23ページの小論文では、「だと考えます」「つなげていきます」など、的確な「つなぎ言葉」が使われています。「この経験を通して」など、やわらかなつなぎ言葉を随所に盛り込むことで、かたくなりがちな文章がやわらかくなり、より読みやすくなります。**よい小論文からよいつなぎ言葉を見つけ出し、自分が書く小論文にも取り入れるようにしましょう。**

　ちなみに「やはり」「このように」といったフレーズは、読み手に対して偉そうなイメージを与えてしまいます。面接でも「やはり」「このように」を連呼する人は多いので、使わない意識づけをしていきましょう。

合格小論文を書くための最低限の心得

① 字をていねいに書く	先生は授業で黒板に字を書くので、字が乱雑だと、内容以前に最低ランクの評価をされてしまう。
② 誤字を少なくする	論作文に誤字脱字があると、教師としての資質を疑われる。日頃から作文を手書きで書いてミスを減らすようにする。
③ 基本的な原稿用紙の使い方を心得る	子どもたちに作文を書かせる立場の先生が、原稿用紙の使い方を間違えるというのは言語道断。最低限の使い方は覚えておく。
④ 常体と敬体を混同させない	文章の文末表現には「〜だ」「〜である」という常体と、「〜です」「〜ます」という敬体があるが、これを混同させないよう気をつける。どちらでもよいので統一されていることが大切である。

小論文上達のステップ5

　小論文の力を上げる一番のポイントは「添削」をしてもらうことです。
　以下に小論文を書くためのステップを書きます。これらのステップは、ひとつずつすべて「添削」をしてもらうことが絶対の条件となります。

① **序論だけを何度も書く**
② **本論になりそうな自分のエピソードや体験を**
　200字から400字で書き出す
③ **小論文の全体構成を箇条書きで書き出す（メモ程度）**
④ **制限字数で書いてみる**
⑤ **60分や90分の制限時間内で練習をする**

　このように細かく何度も見てもらえれば、苦手な人も嫌にならずに書くことができます。誰に見てもらうのかだが、学生なら大学教授、講師をしている人なら校長や教頭に見せて教えを乞うとよいです。

CHECK!　論作文試験テーマの傾向

　論作文のテーマは「教師としてどのように取り組むか」「求められる教師像」など、実践的な指導力を問うものが多い。文章には受験生の教師に対する情熱や意欲、人柄や人間性が表れるので、くれぐれも軽視してはならない。

論作文試験テーマの例

北海道	一人ひとりを大事に教育するにはどうするのか？	長野県	児童に向き合う教師とは？
岩手県	学校への不審者侵入の対応策について	愛知県	コロナ対策による変化で感じたことを教育観で論じる
山形県	学校の教育活動をとおして高めさせたい力	三重県	情報モラルを指導する目的や方法、内容について
福島県	生徒の「居場所づくり」の対策について	滋賀県	読み解く力の育成が必要な理由と、どう育成するか
栃木県	児童生徒にとっての「魅力ある教師」とは	京都府	どのような教育活動を進めることが大切であるか
千葉県	児童生徒の安全を確保するための取り組み	大阪府	いじめを未然に防止するためどのような実践を行うか
神奈川県	児童の主体的・対話的学びのための授業改善	山口県	AIの時代に子どもにどのような力が求められるか
新潟県	生徒のSNSグループへの指導について	徳島県	これからの社会を生きる児童に最も身に付けさせたい力
福井県	教員として自身の能力をどう向上させるか	川崎市	地域や保護者から信頼される学校について
山梨県	教員の使命について	北九州市	発達障害の児童がいじめの対象となった際の配慮と指導

現在の教育の 重要課題を知っておく

■ まずは最近の学校で起きている問題を知り、理解する
■ 変化する教育界にアンテナを張り、面接にも役立てる

最重要は発達障害への理解

　教員を取りまく諸問題は種々ありますが、現在、**学校現場で一番問題となっているのは「発達障害」を抱える子どもたちへの対応です**。発達障害にはLD（学習障害）、高機能自閉症、ADHD（注意欠陥多動性障害）などがあります。授業中に座っていられない、なかなか指示を聞けない、教師はそれを叱責する……そのような状態が続くと、不登校になってしまったり、何にでも反抗するような子どもになってしまったりします。そして結果として、社会参加ができない子どもたちが増えているのです。

　その子どもにとって、**適切な対応を教師が学び、保護者や行政、医療と協力して力をつけていくことが、教育現場の最重要課題**となっています。これからも時代とともに増え続ける発達障害については面接でも聞かれる最重要項目です。

　必読書は『発達障害の子どもたち』（講談社現代新書、杉山登志郎著）です。

教員のメリット＆デメリット

メリット	デメリット
・モノやお金に替えがたいやりがいがある	・忙しい
・安定している（公立教員の場合）	・プライベートな時間があまり持てない
・女性が働きやすい	・ストレスが溜まりやすい
・退職後の老後の生活も安心	・責任が重い

学校の組織図　※東京都の一例

　学校では管理職（校長、副校長および教頭）を頂点に主幹教諭や指導教諭、各主任などがそれぞれの分野で同僚教員を統括します。また公立の教員には人事異動があり、地域によって異なりますが初任で3〜5年、以後は5〜10年サイクルで別の学校へと移っていきます。このほか教育委員会など、行政機関に異動するケースもあります。

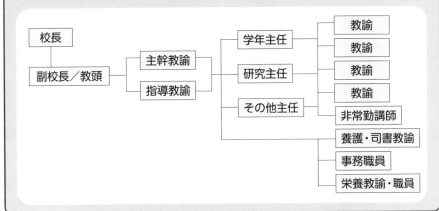

情報通信技術（ICT）の活用の推進

　平成29年3月に小学校および中学校の新学習指導要領が、平成30年3月に高等学校の新学習指導要領が公示されました。この改訂により、「情報活用能力」が、言語能力などと同様に「学習の基盤となる資質・能力」と位置付けられ、各学校におけるカリキュラム・マネジメントを通じて、教育課程全体で育成するものとなりました。

　「情報活用能力」とは、世の中の様々な事象を情報とその結び付きとして捉え、情報および情報技術を適切かつ効果的に活用して問題を発見・解決したり、自分の考えを形成したりしていくための必要な資質・能力です。

　また、新学習指導要領総則では、各学校において、コンピュータや情報通信ネットワークなどのICT環境を整備し、これらを適切に活用した学習活動の充実に配慮することを新たに明記しています。さらに、新小学校学習指導要領では、コンピュータでの文字入力など情報手段の基本的な操作を習得する学習活動を充実することについて明記しました。加えて、小学校段階でのプログラミング教育を必修化するなど、小・中・高等学校を通じてプログラミングに関する内容も充実しています。

ICT活用事例・デジタル教科書

　デジタル教科書は、学習課題に関係した内容の資料や図版、地図の拡大などが可能です。たとえば算数では、問題に合わせて円グラフを大きく操作し、計算することができます。

教員の仕事の進め方を知る

■ 教員の仕事は授業がメインだが、それ以外にもさまざまな仕事がある
■ 責任が重い仕事も少なくないので、現場では熱意がある人材を必要としている

責任は重いが、最高の充実感を味わえる仕事

　教員は単に教室で授業を教えるだけでなく、学校運営上の役割分担や学級担任など、さまざまな役割をこなしています。

　授業の前には教材研究を行い、自分なりに授業計画を立てていきます。 また、クラス担任になれば児童・生徒1人1人に目を向け、ときには叱り、ときには相談相手になりながら、子どもたちを育てていきます。これに加え、会議や研修、学校行事などをこなしますが、これらが重なると時間外勤務も多くなり、家での持ち帰り仕事も増えていきます。

　教員の仕事は多岐にわたり大変ですが、努力をすればその分、子どもたちが返してくれる仕事でもあります。子どもたちを育み、ともに成長できる仕事へのやりがいも強く感じることができます。

小学校の主な行事例

月	行事	月	行事	月	行事
4月	就任式・新任式・退任式 始業式 入学式 交通安全教室（低学年） 授業参観・学級懇談会・PTA総会 家庭訪問	7月	職員健康診断 林間学校・臨海学校 終業式 夏期休業	11月	学芸会 芸術鑑賞会 教育相談会
5月	体力診断・運動能力テスト 修学旅行（6年）	8月	登校日	12月	終業式 冬期休業
		9月	始業式 運動会 避難訓練 プール納め	1月	始業式
6月	プール掃除・プール開き	10月	遠足・社会科見学	2月	新1年生入学説明会 授業参観・PTA総会
				3月	6年生送別会 卒業式 修了式

教員の主な仕事

　教員は授業のほか、学校と家庭を結ぶ学級通信も作成します。また学校を運営するために必要な仕事を、教員たちが分担して受け持っていきます（校務分掌）。役割分担は学校によってそれぞれ異なり、教室での授業と並ぶ労力を費やします。さらに中学・高校では部活動の顧問もあり、熱心に指導すればするほど時間外勤務が増えていきます。ちなみにハードな校務や運動部の顧問は、若い独身教員が任されることが多いです。

- 教科指導
（指導案作成、教材研究、採点、学習評価）
- 道徳指導（小・中学校）
- 総合的な学習の時間
（小・中・高校）

- 学級・ホームルーム活動
（学級通信の作成）
- 児童会・生徒会活動
- 学校行事
（修学旅行、運動会、文化祭）
- 部活動の顧問（中学・高校）

- 生徒・生活指導
（地域の見回り、家庭訪問）
- 進路指導（とくに中学・高校）
- 教育相談

- 学年・学級経営
（学級会計事務）
- 担当校務分掌
（生徒指導部・総務部・教務部など）
- 担当委員会

- 校内・校外研修
（研究発表のための準備）
- 授業研究

CHECK! 職員室での仕事内容

　学校によってそれぞれ違いますが、職員室では朝の打ち合わせを行い、連絡事項を伝えたりします。また職員室では校務の処理や授業の準備、学級通信の作成などを行うほか、職員室にやってくる生徒の応対もしています。
　また学校では会議が多く、全教員が参加する職員会議のほか、緊急事態のときは勤務時間を過ぎていても会議が招集されます。

- 授業の準備
- 教員間の打ち合わせ
- 生徒・保護者への対応
- 校務分掌
- 学級通信の作成
- 会議や行事の準備
- 学校内の事故などへの対応
- 学級事務の処理

COLUMN 1

実技試験は技術の巧拙だけが判断されるわけではない

　教員採用試験では、筆記や面接などの試験のほか、実技試験も行われる。小学校ではほとんどの教科を担任が教えるので、大部分の自治体で体育と音楽の実技が課される。体育は水泳を課題にすることが多く、試験方法はさまざまだが、自由泳法、もしくは2つの泳法で25メートル泳ぐことが求められる。時間制限が課せられている自治体もあるが、目的は子どもたちに泳ぎを教えることなので、タイムよりも正しい泳ぎ方をマスターしているかどうかが求められる。ほかにも体育では、マット運動や鉄棒、跳び箱などの課題が出されることもある。

　音楽では、ピアノ演奏が課されるところが多い。下手なのは仕方ないが、下手なりに教える姿勢を示すことが大切だ。子どもを指導する際のポイントを押さえているかどうかも評価の対象となるので、努力を怠らないようにしよう。

　中学校・高校では、英語や実技系（音楽・体育・美術など）の教科を受けるときに実技試験が課される。当然ながら、小学校レベルよりも高い技術が求められるので、応用レベルまでマスターしておこう。

主な実技試験の種類

小学校

【体育】水泳、器械運動、バスケットボールなど
【音楽】ピアノ・オルガンの伴奏、リコーダー演奏、弾き歌い
【図画工作】スケッチ、デザイン、粘土制作

中学校・高校

【英語】グループ・ディスカッション、ネイティブとの会話
【体育】水泳、陸上競技、球技、器械運動
【音楽】ピアノ演奏、リコーダー演奏、弾き歌い、オーケストラ指揮
【美術】写生、立体構成、鉛筆デッサン、粘土制作
【家庭】料理　　　【技術】木材加工

Chapter 2
面接試験の
基礎知識

面接カードの書き方や面接の種類（個人面接、集団面接、模擬授業など）、面接で押さえておくポイントなど、教員採用試験の面接に関する基礎知識を紹介します。まずはこれを読んで、面接がどういうものなのかを理解していきましょう。

最重要の教員採用試験 面接攻略の秘訣

■ 近年、各自治体で重視の傾向が強まっている面接試験の種類を知っておく
■ 面接試験に対し、本格的な対策を行って臨むのが合格への近道となる

面接を重視する最近の教員採用試験

　全国的に面接・模擬授業が重視されてきています。今までよりも試験時間を長くしたり、模擬授業を2回行ったり、よりよい人材を求めて、さまざまな工夫を各自治体で行っています。

　人物重視の背景には、いじめや不登校、地域社会や保護者との対応など、さまざまな分野に対応できる教師が求められているからです。

　面接官は短時間でその人物を見抜くプロです。**一番の面接対策は日常を変えること**です。日々前を向いて、明るく楽しく生きていること、強い芯をもって生きていること、この2つはすぐにわかります。

　普段苦しんでいる人、芯の弱い人は表情でもわかります。

　面接官は「クラスで子どもが言うことを聞かないときどうしますか？」など圧迫の面接をして、日々のその人の子どもへ向かう姿勢を探ろうとするのです。

各自治体で強まる「人物重視の傾向」

埼玉県…個人面接でも場面指導を実施
石川県…面接試験の配点を400点中200点に
愛知県…2次試験で集団討論と個人面接、場面指導を実施
大分県…2次試験で模擬事業と場面指導、3次試験で集団討論と集団面接を行う

面接試験のさまざまな形式

教員採用試験の面接には、個人面接のほか、集団面接（グループ面接）、模擬授業、場面指導（ロールプレイング）などさまざまな形式があり、実施方法は各自治体によってそれぞれ異なります。かつては2次試験に面接を実施する自治体が多かったのですが、最近は1次試験から面接試験を行う自治体も増えています。

面接時間や面接官の人数もそれぞれ違っており、自治体によっては英語教諭を対象とした英会話面接やスピーチ、プレゼンテーションを実施する自治体もあります。**自分が受験する自治体でどのような面接試験が行われてきたのかを、事前に確認しておきましょう。**

＜個人面接＞

受験生	1人
面接官	2〜5人
面接時間	10〜20分程度

ほとんどの自治体で採用されている一般的な面接スタイルです。受験生の教職に対する情熱や意欲、人となりを見極めます。面接官からの質問に受験生が答えるのが一般的で、志望動機や目指す教師像、最近の教育時事など、オー

ソドックスなことを聞かれることが多いです。ただし、なかには3分間で自己PRをしてもらうなど、他とは違うスタイルを取り入れた自治体もあります。

また面接の質問に対する受け答えは大事ではありますが、入退室や言葉づかいなど、礼儀作法や態度もチェックされています。

夏場の試験は暑さ対策も重要！

教員採用試験は、基本的に夏場に行われる。そのため、暑さに勝つことも試験攻略においては大事なポイントとなる。最近はほとんどの会場にクーラーが備えられているが、なかにはクーラーがない会場もあるので、なるべく日頃からクーラーをつけず、暑さに慣れておきたい。ただし、熱中症などで体調を崩しては元も子もないので、ほどほどにしておこう。また試験会場に保冷剤やタオル、ハンカチ、500mlペットボトル2〜3本など、暑さ対策になるアイテムを用意しておこう。

集団面接（グループ面接）

受験生	5～10人
面接官	2～5人
面接時間	20～30分程度

　複数の受験生が一堂に会し、質問に対する意見を述べていく面接形式。面接官から見れば、短時間で受験生を比較観察することができます。面接の応答のやり方には、面接官の質問に対して順番に答える「質疑応答型」、そして面接官から与えられた質問に対し、考えがまとまった人もしくは指名順に意見や考えを述べる「意見発表型」があります。出題される課題は学習指導や志望動機、生徒指導、目指す教師像、教育・学校改革など、幅広い分野から質問されます。

　また集団面接では、自分の意見をどう伝えるかを考えるのも大事ですが、ほかの受験生が受け答えしている最中に、気を抜いたりすると減点の対象になる可能性があるので気をつけましょう。

集団討論（グループディスカッション）

受験生	6～8人
面接官	2～3人
面接時間	20～40分程度

　面接官から与えられたテーマについて、自由に討論していきます。討論を行わせることで、受験生の積極性や協調性、人間性を見極めます。

　集団討論で問われる内容は児童・生徒の実態から教師の責任、学習指導、家庭や地域との関わりなどさまざまです。日頃から教育に対する自分の意見をまとめておく必要があります。また討論の進行は面接官が行うこともあれば、グループ内のメンバーが務めることもあり、なかには司会進行役をまったく決めずに討論するケースもあります。自分の意見を述べるのはもちろん、ほかの受験生の意見をよく聞き、それらの考えを取り入れながら自分の意見を出すことが大事です。

場面指導（ロールプレイング）

受験生	1人
面接官	2〜3人
指導時間	4〜10分程度

「授業中に立ち歩いている児童がいる」「いじめられていると訴え出てきた」「部活動や学校行事で事故が発生した」など、教育現場の具体的な場面が設定され、どのように対応するかが問われる試験です。受験生が先生役、面接官が児童・生徒や保護者役になり、実際に子どもに指導したり、相談に乗ってもらいます。指導の途中で、面接官から「なぜこういった指導をしたのか?」などと質問されることもあります。

この試験では、教育現場が求める実践的な指導力があるかどうかを確かめます。ほかにも指導の過程における判断力や柔軟性、人間性も評価されます。

模擬授業

受験生	1人
試験官	2〜3人
授業時間	10〜15分程度

実践的な指導力（声の大きさ、板書、発問のタイミングなど）の有無を判断する試験方法として、最近は模擬授業を行う自治体が増えています。実施形態はさまざまで、試験当日までに授業の指導計画を用意してくるケースと、試験当日に課題が言い渡されるケースがあります。また道徳や学級活動（ホームルーム活動）の模擬授業を行う自治体があるほか、面接官が児童・生徒役に扮し、質問を受けることもあります。

模擬授業ではありますが、本番の授業と思ってやり切ることが大事です。照れたり恥ずかしがっていたりすると、高い評価は得にくいので気をつけましょう。

面接官への感謝の気持ちを忘れない

■ 面接官に感謝の気持ちを抱くことで、自然とよい振る舞いを見せることができる
■ 面接官も真剣な姿勢で面接に臨んでいることを受験生も意識しておく

面接官の方たちはとても忙しい！

　教員採用試験を受ける受験生は、試験を受ければそれで終わりです。しかし、面接官は朝からずっと受験生たちと対峙し、評価をつけます。人の人生ですから、中途半端にはやりません。さらに言えば、面接官の多くは普段の仕事のスケジュールを調整しながら、面接に臨んでいます。校長先生や教頭先生は学校の仕事が山積みなので、試験が終わってから学校に戻って仕事をするという場合も少なくありません。面接官というのは、重労働なのです。

　そのため、面接では、常に感謝の気持ちをもって臨むようにしましょう。面接官に感謝の気持ちを抱くことで、自然とよい振る舞いを見せることができます。辛いと感じたときは、「自分も大変だけど、面接官はもっと大変だ」ということを思い起こすようにしましょう。

面接官になるのはこんな人たち

　教員採用試験の面接官は、教育委員会の指導主事や小・中・高校の校長や教頭といった教育の現場で働いている人たちに加え、民間企業などの人事担当者が入っていることが多いです。たとえば、3人の面接官がいる部屋なら、そのうち1人は民間からの面接官というケースが主流です。また保護者や臨床心理士などが面接官に加わる自治体もあります。

　教育関係者以外の人を面接官に加えているのは、学校という限られた視点からではなく、幅広い視点から、一人の社会人としての能力や資質があるかどうかを見極める狙いがあるからです。

＜面接官になる人たち＞

・小・中・高校の校長や教頭（副校長）　・教育委員会の指導主事　・臨床心理士
・スクールカウンセラー　・民間企業の人事部長や人事課長　・保護者

面接官のスケジュール

依頼された面接官は、民間の人事担当を除けば、日頃から面接を行っているわけではありません。そのため、面接を実施するための事前の研修を受けることもあります。

事前研修 面接会場によって質問内容や評価、評定の基準が異なるなどの"当たり外れ"がないよう、事前に面接本番で重要する点を確認するための事前研修を行う。面接の内容や評価・評定の基準、具体的な役割分担の確認などを打ち合わせる。

面接当日 受験生は一度面接に臨めばそれで終了するが、面接官は1日中、多くの受験生と向き合い続けていく。休憩中は結果のすり合わせなどに費やされる。自治体にもよるが、試験は3日にわたり行われる。

面接後 校長や教頭は、他の仕事や校務などをおいて面接を行うので、面接終了後に職場へ戻り、仕事をするという人も少なくない。

COLUMN

特別選考で試験に合格する

教員採用試験には、普通の選考枠とは違った特別選考の枠がある。「特別な能力に秀でた人」を教員として入れることを目的とし、一部試験が免ぜられることも。特別選考は全国的に増えており、大学の成績が優秀だったり、スポーツや芸術分野（音楽や絵画など）で実績・評価を得たりした人が対象になる。

ただし、実績が相当優秀でないと特別選考の対象にはならない。また自治体によって基準も異なるので、早めに確認しておくとよい。

＜さまざまな特別選考＞

スポーツ
　国内外の大会で、優秀な実績を残した人。
芸術（音楽・絵画）
　国内外のコンクールなどで実績や評価を得た人。
社会人経験者
　官公庁や民間企業などで数年間働いた人。
教職経験者
　教職や非常勤講師として一定期間の経験がある人。
英語資格取得者
　TOEICやTOEFLなどで一定水準以上の成績を残している。
障害者
　1～6級程度の身体障害者手帳の交付を受け、自力で通勤・職務遂行ができる人。
※ほかにも教職大学院修了（予定）者や教育委員会主催の「教師養成塾」などの修了者を特別選考する場合もある。

面接官は受験生のココを見ている

■ 面接官によって視点は違ってくるが、まずは外見がチェックされる
■「教員としての基本的な資質や能力が備わっているか」をもっとも注目している

教員としての基本的な能力・資質を見る

　面接官のチェックポイントについては教育関係者や民間の人事担当者など、タイプによってそれぞれ異なりますが、基本的には「現場で熱心に子どもたちと向き合ってくれるか」「保護者対応ができるか」など、現場の状況に即した視点から受験生を見ています。また、民間の人事担当者は、仕事への責任感や協調性の有無など、「同僚として働くときにどういう姿勢で臨むのか」を見ています。ほかにもコミュニケーション能力や専門性、指導力などが見られています。

　さらに、面接に臨むうえでの服装や振る舞いは、当然ながらチェックされています。詳しくは58ページ以降で紹介しますが、身なりはきちんと正して面接に臨みましょう。

圧迫面接では受験生のココをチェック！

　教員採用試験では、圧迫面接が行われることはそう多くないですが、ときには受験生の本質を見極めるため、圧迫気味な面接を行うことがあります。主に民間の人事担当者が圧迫的な質問をすることが多く、厳しい言い方をされたときにどう対応するのかを見たりします。

　ここで対応できないと「対応力がない」「忍耐力がない」といったレッテルを貼られてしまうので、圧迫気味な質問をされても平常心を保ちましょう。そして相手に流されないよう気をつけつつ、にこやかに対応しましょう。

面接官のチェックポイント

①現場で子どもたちと熱心に向き合えるか

教育現場が求めているのは、教師としての情熱や熱意。子どもを大切にする温かい思いやりや、子どもたちの教育にかかわる責任感があるかどうかを見ています。

②対応がキチンとしているか

面接官は質問に対する答えの内容だけでなく、質問に対する対応の仕方や態度などもチェックしています。質問されて対応がグズグズしていたり、回答の歯切れが悪かったりするとマイナスな印象を与えてしまうので要注意です。

③専門性や指導力を有しているかどうか

教科や科目に対する専門的な知識と、それを指導する力があるかどうかもポイントのひとつ。いじめや不登校といった教育課題に対してきちんと認識しているかどうかも大事です。

④コミュニケーション能力があるか

最近の学校では児童・生徒の個性や特性が多様化しているほか、保護者や地域の方々との関わりも増加しています。そのため、面接官は受験生が人間関係を適切に形成できるかどうかを確認します。ちなみにコミュニケーション能力というのはただ話すだけでなく、相手の話を正しく聴き取る力も含まれているので注意しましょう。

⑤社会性を有しているか

これまで教員に欠けているものとして、「社会性の欠如」が指摘されていました。そこで面接官は、受験生が社会性を有しているかどうかを評価のポイントにしています。質問に対して画一的に答えるのではなく、柔軟性や多様性がある対応を心がけましょう。

⑥向上心があるかどうか

教員としての基本的な能力や資質を有していたとしても、それを向上させる意欲がなければ、「将来性がない」とみなされてしまいます。教育基本法にも「学校の教員は、自己の崇高な使命を深く自覚し、絶えず研究と修養に励み……」とあるので、面接でも前向きな姿勢があるかどうかを見ています。

⑦協調性を有しているか

学校では同僚の先生とともに共同で教育活動や校務にあたる機会が多いので、自分勝手にならず、協調性を持っているかどうかも確認します。

面接官がチェックするその他の項目

- ・誰にでも平等に接することができる
- ・偏りがない規範意識を有している
- ・考えが一人よがりになっていない
- ・真面目さや素直さがにじみ出ている
- ・法やルールを重んじる精神を持つ
- ・一般的な社会常識を有している

面接でやってはいけない勘違いポイント

■「面接は事前の対策をしておかなくても大丈夫」と考えている
■ 付け焼刃の対策はすぐバレてしまうので、しっかりとした準備と対策が必要になる

面接官は一番「尊敬する人」と思う

　面接官のほとんどは学校教育のベテランで、人生の先輩でもあります。そのため面接の席では、「今朝はちゃんと起きられましたか？」など、温かい言葉をかけてくれることもあります。問われたことに対して適切に答えましょう。イメージとしては、「自分の一番尊敬する人に接するつもりで臨むこと」がよいと思います。

　また、適度な緊張感を保ちながらも、明るく前向きに話をするのが大切です。教員採用試験の面接では、模範解答をそのままではなく、自分の言葉で誠実に伝えようとしている姿勢が問われています。ベテラン面接官の方に「後輩としてかわいいな、面白いな、子どもを任せたいな」と思われるような受け答えができるとよいでしょう。

試験への考え方を変えてみる

　「採用試験って楽しみ?」と聞いて、「はい、待ち遠しいです！」と答える人はほとんどいないはずです。たしかに、その後の人生がかかる大事な試験ですから、何度か落ちていたりすると余計気分は重くなってしまいます。
　そこで、視点を面接官に変えてみましょう。面接官はかなりの激務なので、自然と「忙しいなか自分たちを真剣に見てくれる」という感謝の気持ちが芽生えてくるはずです。利他の精神は、めぐりめぐって最終的には自分のためにもなります。試験勉強や対策に行き詰まってしまったら、採用試験を別の角度から考えてみましょう。

勘違い事例 ❶

自分さえよければいいと思っている

　集団面接で自分の意見を意気揚々と話したあと、ほかの人の話には耳を傾けず、次に何を話すか考えている人がいます。また集団討論の席で、ほかの人が話しているのを遮って自分の意見を押し通したり、叩きのめして得意顔になる人もいますが、こうした行為はいずれも不適切です。集団面接や集団討論では協調性や社会性もチェックされているので、相手の立場にも配慮したコミュニケーションを心がけましょう。

勘違い事例 ❷

模範回答をそのまま言えばいい

　「面接攻略本」と呼ばれる本には面接の質問に対する模範回答が掲載されています。これをそのまま使えばいいと思っている人も少なくありませんが、これは大きな勘違いです。面接官は対話のプロでもあるので、話した内容が自分の意見かどうかを見抜くのは容易なことです。マニュアル本に載っている事例はあくまで"例"にすぎないので、これを参考にして、自分ならではの回答をつくっていくようにしましょう。

勘違い事例 ❸

とりあえず長く話せばいいと思っている

　面接の話の内容に自信がない人に多く見られるのが、「できるだけ長く話す」という勘違いです。これは、「考えをまとめることができない人」という評価を下されてしまいます。また事前準備を何もしなかった人もダラダラ話しがちなので、自己PRや志望動機をあらかじめコンパクトにまとめておくのが肝要です。

勘違い事例 ❹

普段の話し方で面接に臨む

　「面接ではありのままの自分を見てもらうのが大事」と考え、「アタシ的には〜」「〜じゃないですかぁ」「マジで考えてます」など、普段通りの言葉づかいで面接に臨むのは間違いです。自分を偽るのも問題ですが、だからといって何もかもさらけ出せばいいというわけではありません。これだと単に「言葉を知らない、マナーに欠けた人」と受け止められてしまうので要注意です。

面接カードを魅力的に書く

■ 面接カードは、面接試験で主導権を握るためのアイテムでもある
■ 慌てて記入するのではなく、じっくりと考えてから取り組む

「面接で聞かれたいこと」を記入する

　面接を行う際、面接官が資料とするものに志願票や成績証明書、健康診断書、受験申込書、自己申告書、自己推薦書などがあります。書類を入手したらすぐに書き込むのではなく、その書類がどんなものなのかを十分理解してから記入しましょう。提出する書類をコピーして、それに下書きをしてから書くとよいです。

　また志願書など、志望動機や自己PRを記入するタイプの書類は、実際に書き込む前に何を書くのかをじっくりと考えましょう。また自分が面接で「質問してほしいこと」を書いてアピールしておけば、「面接では何を聞かれるのか」というのを事前に予測しやすくなります。そうすれば面接でも主導権を握ることができるので、戦略を練りながら記入していきましょう。

写真の撮り方に気をつける

　面接カードに貼付する顔写真は、写真屋さんで撮ってもらいましょう。もちろん、写真の写り具合で合否が決まるなんてことはありませんが、写真屋さんで撮ったものは美しいので、第一印象は確実によくなります。スピード写真に比べると料金はかさみますが、教員採用試験はその後の人生を左右するビッグイベントです。惜しまず投資しましょう。

　ちなみに撮影時は面接時と同様の服装で臨み、髪型を整え、メイクもはっきり目にして明るさと清潔感をアピールするとよいでしょう。

＜面接カードの例＞

ふりがな	○○○　○○○○			志望校種	教科（科目）	受験番号
氏　　名	○○　　○○		男 女			
生年月日	昭和 平成	○年○月○日　生 （令和○年4月1日現在○歳）				

現住所	（本人）〒	電話 （自宅）（　　　）－（　　　　） （携帯）（　　　）－（　　　　）
	（家族）〒	電話 （自宅）（　　　）－（　　　　） （携帯）（　　　）－（　　　　）

出身高等学校	国・県 市・私	高等学校　　　　科	平 令	年3月卒
出身大学	国・公 私	大学　　　　学部　　学科 （専攻）	平 令	年3月（卒・見込）
出身大学院	国・公 私	大学大学院　　科　　　過程	平 令	年3月（卒・見込）

中学での部活動	高校での部活動	大学での部活動

免許・ 資格等	趣味・ 特技等	ボランティア活動への参加

海外留学や国際交流の経験	サークル活動や部活動、コンクール活動の記録

大学時代に学んだこと、民間企業における勤務経験等

教員を志望する理由

裏面も必ず記入のこと

■ 43 ■

面接カードを書くときのポイント

■ 経験や実績は、具体的なエピソードを交えて記入すると伝わりやすい
■ マイナスな点を記入するときは、それをいかに克服したのかを記すとよい

興味を惹きたいあまりウソを書くのは×

　面接カードは単に自己紹介するだけでなく、面接官に対して教職を目指す真摯な姿勢をアピールする書類でもあります。また面接官が質問をする際、この書類を参考にします。そのため、面接官が聞きたくなるようなことを書きましょう。ただし、興味を惹きたいあまりウソを書くのはNGです。

　面接カードにはボランティア活動や部活動・コンクールなどの実績などを書く欄がありますが、なかには「自分には目立ったアピールポイントがない」と悩む人も少なくないはず。そういう場合は「失敗しそうになったこと」を書いて、それを自分がどう克服したのかを書くとよいでしょう。面接官に「短所を克服するために努力している」「逆境に強い」という印象を抱かせることができるからです。ただし、失敗ばかり強調すると「単にできない人」というレッテルを貼られるおそれがあるので、ほどほどにしておきましょう。

面接カードはコピーを取っておく

　面接カードを書くときは、必ず2回コピーを取っておきましょう。1回目は書く前、下書き用にコピーします。下書きで一度書いておけば、字はどれぐらいの大きさで書けばよいのか、一行に何文字ぐらい入れられるのかをつかむことができます。下書きをしたあと、本物に鉛筆で記入し、そのあと黒のボールペンで清書しましょう。
　2度目は、書き終わったあとにコピーを取ります。面接では書類に書かれたことを聞かれることが多いので、何を聞かれてもしっかり答えられるよう、回答準備のために手元においておきましょう。

面接カードを書くときの留意点

「文章の文末は統一する」「文字ははっきりとていねいに書く」という最低限守っておくべきポイントのほか、記入するうえで押さえておくべき点を紹介します。

① 志望動機

「恩師の影響」「家族が教職員関係者で、その影響を受けた」「教育実習中の体験」など、教員を志した理由を、具体的なエピソードなどを交えて記入する。

② 自己PR

自分が教員になったときに発揮できる能力や個性、教員に向いていると感じた点、教員を目指して努力している点などを書いていく。こちらも具体的なエピソードを盛り込むとよい。

③ 目指す教員像

自分が教員になったとき、どんな教員を目指すのかを記入する。熱意をもって記入すると好印象を与えるが、熱意がありすぎるとマイナスの印象を与えることもあるので、バランスを心がける。また受ける自治体の教育委員会が作成した「求める教師像」も参考にしよう。

④ ボランティアの活動経験

単に「○○施設でボランティア活動をした」と書くのではなく、具体的にどのような活動をしたのかを記すとよい。

⑤ サークル活動や部活動、コンクールなどの活動の記録

優秀な成績や活動歴を箇条書きで書くだけでは、面接官の印象に残らない。活動を通して得た"成果"を、具体的な話を入れながら説明する。

⑥ 海外留学や国際交流の経験

海外留学などの経験は、国際化が進む世の中においては貴重なポイントとなる。記載するときは訪問した国・地域、留学・交流の目的や成果などを具体的に書く。

⑦ 民間企業の勤務経験

民間企業での経験を、どう教育に活かしていくのかを記載。勤務経験がない場合は、アルバイトなどで民間企業に勤めた話を入れるとよい。

⑧ 趣味

単に読書、映画、書道などと書くのではなく、どんなときに楽しみや味わいを感じるのかを書いておくとよい。

⑨ 特技

たとえば体育系なら水泳や登山、音楽系ならピアノなど、学校教育につながるものを具体的に書く。

⑩ 資格・検定

免許状や英語検定、漢字検定など、免状の種類を詳しく書く。

COLUMN 2

先輩教員の合格体験談①

やるべきことをやれば
教員採用試験は必ず
突破します!

兵庫県
公立高校教諭

合格時年齢：22 歳
担当科目：高校理科（物理）

―教員を目指したきっかけを教えてください。

大学入学時は予備校講師を目指していました。大学2年時、友だちにTOSSのセミナーに誘われ、それからTOSSサークルに通うようになりました。講師の話を聞き、教員という仕事に魅力を感じるようになりました。

―面接試験のために行った対策を教えてください。

TOSS学生サークルで模擬授業を行ったほか、教員採用試験対策に参加しました。また、知り合いの先輩教師に、電話で面接練習をしてもらったこともあります。

―教員採用試験を通して、自分自身で成長したと感じた点は何ですか。

なぜ、教師になりたいのか。どのような教師になりたいのかなど、教師としての原点を振り返る機会になりました。さらに、面接対策を通して、話を30秒や1分でまとめる技術を習得しました。

―現在のお仕事内容について教えてください。

高校生に理科を教えています。また、高校2年生の担任もしています。今後は関西の中高教育の前進に尽力したいと思っています。中高では、特別支援の観点がまだまだ不足していると感じます。各先生の授業力向上のための校内研修や校外研修の充実をはかっていきたいです。

―教員採用試験を受ける後輩たちにメッセージを！

教員採用試験は、やるべきことをやれば、必ず突破します。突破しなかった人は、やるべきことをやらなかった人です。やっているのにうまくいかない人は、やり方が少し違うだけです。だから、その違いがわかる、腕のある人に見てもらうことが重要です。そうすれば、きっと合格を勝ち取ることができます。ともに素晴らしい教師人生を歩みましょう！

Chapter 3
教員面接の
スタート&ゴール

教員採用試験の面接の対策として、いったい何をすればよいのか。面接当日までの準備や対策、当日の行動などを解説します。とくに面接当日の身だしなみや入室・退室のマナーは意外と見落としがちなので、しっかりと押さえておきましょう。

面接に臨むうえで やっておくべきこと

■ 仲間と練習を重ねて、面接に対するトラウマを払拭する
■ クセを直していくことで、面接での振る舞いもよくなっていく

苦手意識の克服が面接攻略の第一歩

　面接で落とされるタイプの人は、質問に答えられないときに下を向いたり、右上を向いたりする傾向があります。こういう面接がトラウマになっている人は、セミナーなどで矯正しても4カ月はかかります。しかし、ここを突破できないと、そこから何年も突破できません。**面接に苦手意識があると自覚している人は、練習を重ねることで苦手意識をなくしていきましょう。**

　面接対策は筆記試験対策と違い、1人で上達させるのが難しいものです。そのため、**教員の道を志す仲間と知り合い、ともに励んでいくことをオスス**メします。面接の練習をしながら仲間のよいところを吸収し、自分の悪いところを指摘してもらうことで、"面接力"は飛躍的に向上するはずです。

教員採用試験を「楽しむ」ことが大事!

　教員採用試験は、きちんと対策をしておけば必ず受かる試験です。しかし「もう嫌だな」「面倒だな」と後ろ向きな気持ちでいると、受かるものも受からなくなってしまいます。そこで大事なのが、試験を「楽しむ」ことです。

　「楽しむなんて絶対無理!」なんて思う人もいるかもしれませんが、A評価をもらった人の多くは、試験に対して前向きな姿勢で臨んでいました。なかには面接試験中、ずっと笑顔でいた人もいます。楽しむことで長所が伸び、合格につながる人も少なくないので、ぜひ前向きに取り組んでみましょう!

魅力がある自分になる！

面接官も、魅力がない人よりもある人を採りたいもの。クセを修正し、笑顔で過ごすことで、自分の魅力を上げていきましょう。

①クセを修正する

たとえば話し方では、「えーと」「やはり」「あっ」など、ムダな接続詞を入れて話す人が多かったり、また歩き方でいうと下を向いて自信なさげに歩いたり、姿勢なら猫背になるなど、人間誰しも "悪いクセ" は1つや2つ持っているものです。これらは無意識のうちに行っているものなので、日常の意識から変えていくことが肝要です。

ただし、悪いクセというのは一度直しても、元に戻ってしまうことが多いのです。クセを直すのはとても難しいですが、成功すれば面接でのウィークポイントをなくすことができるので、常に修正を心がけましょう。

②普段から上機嫌でいる

魅力を上げる方法には笑顔・話し方・声があります。こういったものを直していく、よくしていくことが大事です。毎日を楽しく過ごし、普段から上機嫌でいれば、その明るさが顔の輪郭にも反映され、面接でも好印象を与えるようになります。

そして普段から上機嫌でいるには、自分に自信を持つことが大事です。仕事や勉強などのクオリティを上げたり、仲間を得ることで充実感は高まってきます。逆に自分に自信がない教師は、自信のある子どもを絶対に育てられません。

MINI COLUMN

合格できなかったときは……

教員採用試験は合格倍率が平均で5〜6倍の狭き門なので、当然ながら合格できないというケースもあります。もし来年も受けたいのであれば、浪人ではなく就職することをオススメします。とくに講師としての経験を積んでおけば、それが次の年の教員採用試験にも活かされるはずです。

また合格できなかったときは、とりあえず気持ちを切り替え、スッキリさせましょう。教員採用試験の試験結果は開示請求できるので、それを見ながら自分に何が足りなかったのかを見極め、次に向けての対策を練っていきましょう。

次の試験までにやっておくべきこと
①就職（講師になる）して経験を積む
②気持ちを切り替えてスッキリさせる
③自分の評価を見返し、対策を練る

面接の練習をして苦手意識をなくす

■ 面接試験に臨むにあたって、まずは自己分析して自分の不足点を把握する
■ 予行演習を何度も積み重ね、人前で話すことに慣れておこう

予行演習を重ねて「あがり」を克服

　面接で多くの人がおそれているのが、「あがってしまう」ことです。あがってしまうと面接官の質問に対して冷静に対処できず、トンチンカンな返答をしてしまい、また挙動不審になるなど、いつもの自分を見せられないまま終わってしまうというケースも少なくありません。

　面接には緊張がつきものですが、こうした状態を払拭するには経験を積み重ねることが大事です。とはいえ教員採用試験の本番面接は何度も受けられるわけではないので、想定質問をつくり、予行演習を何度も重ねるのが合格への近道となります。面接の練習は仲間とやる以外にも、大学や組合が主催する面接の模擬試験があるので、積極的に参加してみましょう。

人前で話す機会を多くつくる

　面接力を向上させるには、人前で話す機会を増やすとよいです。たとえば大学のゼミやサークル活動で全体をまとめたり、会議で自分の意見を積極的に述べてみましょう。こうしたトレーニングを重ねておけば、人前で話すことへの抵抗感も少なくなっていきます。

面接力UPのポイント
・想定質問をつくって予行演習を重ねる
・面接の模擬試験に参加して場数を踏む
・人前で積極的に話す機会を増やす

面接が苦手な人のためのチェックシート

　現在の自分は何ができて、何ができないのかをチェックすることで、面接力の向上へとつながっていきます。このチェックリストを活用して、今の自分に足りないものを洗い出していきましょう。

項目	チェックポイント	◎○△×		◎○△×	
		自分	知人	自分2	知人2
入室・退室	面接官にお尻を向けず、右足から入る				
	堂々と歩く				
	最後まで気を抜かずに歩く				
答え方	「はい」の返事でリズムをつくる				
	丹田（おへその下）が張った状態で座れている				
	丹田に力を入れながら答えている				
表情	感じのいい笑顔				
	うなずき				
	楽しそうな表情が面接中にある				
語り方	語りが熱い				
	描写ができる				
	楽しそうな感じがする				
目線	目線を落とさない				
	まっすぐ試験官の目を見る				
	目線を合わせながら考える				
話の聞き方	タイミングよくうなずいている				
	共感している				
	誠実さが伝わる				
話の技術	あごを使ってうなずく				
	質問内容を繰り返す				
	間をつくる				
面接のルール	問いに正対する				
	短く話を切れる				
	キーワードが残る				
表情・対応	言葉が出ないときに余裕に見える				
	話をしていなくてもいい雰囲気が出せる				
	温かい感じがする				
印象	力強い感じがする				
	落ち着いている感じがする				
	話が上手だと感じる				
話の継続	最初の一音をはっきりと出す				
	声がだんだん小さくならない				
	語尾がはっきりと聞き取れる				

民間企業との面接の違いを知る

■ 民間では必要とされる個性やユニークさが、マイナスに見られることもある
■ 「面接は就活で経験したから楽勝だよ」という油断は命取りになる場合もある

民間企業とは違った角度で評価される

　民間企業などに就職してから教員採用試験を受ける人は、「就活のときに経験したから、面接なんて楽勝だよ」と思うかもしれません。しかし、民間企業の面接と教員採用試験の面接には違いがあるので、注意が必要です。

　民間企業では3〜4回の面接を行い、最初は若手社員や採用担当者が面接官を務め、最終面接で役員クラスが面接官を担当します。一方、教員採用試験は面接回数が1回もしくは2回で、面接官の大半が教育関係者です。民間企業では「企業に貢献する人材」を主として求めており、尖った個性やユニークさが重視されることもあります。一方、公教育に携わる教員は、国民の「全体の奉仕者」でもあるので、尖った個性やユニークさがマイナスに評価される可能性もあります。教員採用試験の面接は民間企業などと違った角度から評価されているので、その点を踏まえて面接に臨みましょう。

身だしなみは民間企業よりも厳しい?

　民間企業の就活では、お堅い業界でなければ身だしなみはそこまで厳しく問われません。業界によっては、身だしなみよりもセンスが問われることもあります。それとは真逆で、公教育に携わる人材を求める教員採用試験では、服装を細かくチェックする面接官も少なくありません。

　「身だしなみで教員の資質がすべてわかるのか?」と聞かれると疑問の余地はありますが、それが現実でもあるので、身だしなみをきちんと整えておいたほうがよいでしょう。

就活と教員採用試験の併願は厳しい?

　教員採用試験を受ける人の中には、就活も同時並行させる人がいますが、やはり教員一本に絞っている人たちに比べると、合格率が低いのが現状です。また併願をすると、教育実習中に企業の面接が入ることもあります。「明日、面接があるので休ませてください」などと申し出れば、「責任感がない」という烙印が押されても仕方ありません。

　それでも併願をするのであれば、まずは教員採用試験にチャレンジし、ダメだったら留年するなり、秋から就活に全力を注ぐなりしましょう。また「就職活動に重きを置いているけれど、教員免許だけは取っておきたい」という学生も少なくありませんが、その場合は企業側にきちんと説明しておきましょう。"ほしい人材"であれば、企業も日程の調整をしてくれるはずです。

すいません、明日面接があって…

教育実習の最中なのに…

MINI COLUMN　適性検査は何のために行われる？

　適性検査は、「採ってはいけない人材」を見抜くもので、多くの自治体の教員採用試験で行われている。検査の方法は「YG性格検査」(矢田部ギルフォード性格検査)と「内田クレペリン検査」という2つの方法が主流である。ほかにも「NMPI」「MINI124」といった検査があり、受験する自治体によって検査方法は異なる。

　回答にムラがありすぎると「教員としての適性がない」とみなされ、落とされるおそれがある。しっかりと対策する必要はないが、「自分の人間性を省みるよい機会」だと思って、ある程度対策をしておこう。内田クレペリン検査も、実際に一度やってみると、本番でも慌てず受検することができる。

(主な検査の種類)
YG性格検査(矢田部ギルフォード性格検査)
120問からなる質問に、「はい」「いいえ」「?」の3種類で回答する検査。

内田クレペリン検査
3から9までの1ケタ数字を単純加算していく検査。

適性検査で見極めるポイント

・責任性　　・協調性
・自主性　　・外向性
・自制心　　・研究意欲
・指導性　　・情緒安定性

面接当日までの準備と対策

- 面接を突破するために、どんな準備が必要なのかを知っておく
- 準備が整ったら、本番に向けて面接力を高めていく

STEP 1

最近の学校事情について知る

　面接を攻略するための第一歩は、教員の仕事内容ややりがいを調べておくことです。教師になってどのようなことをしたいのか。将来はどんな先生になりたいのかなど、より具体的なイメージをもつことで、面接官からの質問にも対応しやすくなります。また、学校事情を知っておくことで、面接に対するモチベーションを高めることにもつながります。

これはやっておくべき！
- 教員の仕事内容を知る
- 最近の学校事情を把握する
- 教員の魅力とやりがいを知る

STEP 2

面接に関する情報を収集する

　教員採用試験は自治体によって異なります。相手（試験）を知らずして合格するのは難しいので、まずは自分が受ける自治体でどんな形式の面接を行うのかを確認しておきます。過去の面接問題はほとんどの地域で公表されているので、まずは過去問の内容をチェックして、それから面接対策を練っていきましょう。

これはやっておくべき！
- 面接までのスケジュールを把握する
- 志望する自治体の面接形式を確認する

STEP **3**

自分の回答を用意する

　面接で聞かれる質問は、ある程度予想できます。そこで面接でどのような質問をされるのかを想定し、その質問に対する模範回答を作成しましょう。模範回答の文章は長くなりすぎず、要点を絞ってまとめるとよいでしょう。なぜかというと、準備した内容が全部話せない可能性があるからです。臨機応変に対応できるようにしておきましょう。

これはやっておくべき！

・出題される質問をある程度予想する
・ベストな回答を箇条書きで用意する

右側余白：3　教員面接のスタート&ゴール

STEP **4**

面接本番に向けて練習する

　回答を用意したら、面接本番で力を発揮するために練習を重ねていきます。大学や組合が主催する面接の模擬試験に参加したり、友人に面接官役をやってもらったり、椅子や机などを用意して、本番に近い雰囲気を出すと効果的です。さらに練習の様子を録音・録画すれば、自分では気づかなかった弱点や改善点も見つかるはずです。

　話す内容は事前につくった回答をそのまま話すのではなく、話し言葉で相手に伝えるとよいでしょう。また、教育に関する時事ネタには、常にアンテナを張っておき、突然聞かれても対応できるようにしましょう。

これはやっておくべき！

・面接の模擬試験に参加する
・本番に近い雰囲気で予行演習をする
・録音・録画して弱点や改善点をチェックする
・教育に関する時事ネタをチェックする

面接当日

面接試験直前の過ごし方 前日から当日にかけて

■ 面接当日は余裕を持って起床し、身だしなみを整える
■ 試験会場に早めに着くよう、出発時間を調整する

本番前までの行動が勝敗を分ける

　面接日に向けて体調を整えることも、面接試験を攻略するうえで欠かせない対策のひとつです。いくら「面接力」が完ぺきでも、寝不足でいつもの力を発揮できないと、元も子もありません。**食事や睡眠は規則正しくとって、万全の態勢で面接に臨みましょう。**

　また、受験に際し、提出した面接カードは必ず再確認しておきましょう。面接官から質問を受けたとき、緊張のあまり書いた内容と別のことを話してしまうと、「一貫性がない」と思われてしまうので、注意が必要です。

　面接日前夜は翌日の持ち物をしっかりと確認し、当日の朝は余裕を持って身だしなみをチェックします。そして面接会場へ向かう途中でアクシデントが発生しても対処できるように、あらかじめ早めに着くようにしましょう。

面接日に持っていくとよい物

　最近はスケジュール管理も時間の確認も携帯電話（スマートフォン）で行う人が増えていますが、依存しすぎるのも考えモノです。なぜなら、電池が切れたり、紛失したりすると、その途端に丸腰状態になってしまうからです。万が一に備え、地図や手帳などアナログアイテムも用意しておきましょう。

折りたたみ傘とタオル
突然雨が降ってきて、びしょ濡れで面接……とならないよう、あらかじめ持参しておく。

腕時計
携帯電話で確認する人も多いが、安価なものでいいからなるべく身につけておいたほうがいい。

面接日前夜　翌日の持ち物をチェックしておく

面接の前日は、スーツにしわがないかチェックしたり、シャツにアイロンをかけておきます。さらに道に迷わないよう地図を印刷して会場を下調べしたり、持ち物の確認をするなど準備を整え、リラックスして就寝しましょう。

前日夜までにやっておくこと
・会場の下調べ
・スーツやシャツの確認

面接当日の朝　余裕を持って身だしなみを確認する

大事な面接当日に、あたふたしながら家を出ると、それがそのまま面接にも響いてしまいます。洗顔や身支度を整え、しっかりと朝食をとりましょう。また、外に出るとなかなか声が出せないので、面接で言葉が詰まらないよう、発声練習をしておくとよいでしょう。

当日朝までにやっておくこと
・カバンの中身の最終チェック
・朝食をしっかりととる

出発〜面接会場へ到着　会場に早めに着くよう出発

電車が遅れたり、道に迷って到着するのがギリギリになると、それが面接に響いてしまうこともあります。余裕を持って出発するのはもちろん、別のルートも調べておくとよいでしょう。また早めに着いたときは、会場付近に待機し、面接の準備などをしておきましょう。

面接本番

MINI COLUMN

受験地の情報を把握しておく

　教員採用試験では、たまに「あなたが受験する○○県の、県の花は何ですか？」と質問されることがある。すぐに「バラです」「チューリップです」と答えられれば、面接官の印象もよくなる。自治体の情報は各都道府県・政令市のホームページや教育委員会などのホームページで確認できるので、事前に確認しておこう。

　ちなみに教員採用試験の筆記試験では、地元自治体に関する「ご当地問題」がよく出題される。ご当地問題は地元出身でない受験者にとっては難しいので、教職科目の講義のテキストや市販の参考書などで、対策を講じておこう。

**最低限押さえておきたい
自治体の情報**

・人口	・小・中学校の数
・花	・知事の名前
・樹木	・教育長の名前

面接のときに気をつける身だしなみ

■「面接で大事なのは外見ではなく中身」は大きな勘違い
■ あいさつや立ち方・座り方など礼儀や振る舞いもチェックされる

まずは外見や礼儀作法がチェックされる

　受験生の中には、「面接では内面だけがチェックされる」と服装や髪型、靴などにこだわらない人が意外と多くいます。たしかに一般社会では「人を外見で判断してはいけない」というのは大事なことですが、**限られた時間で行われる面接では、外見も大事な判断材料**になります。外見も内面もチェックされると思っておきましょう。

　また「面接の場では、礼儀作法は失礼でなければいい」と考える人もいますが、これも大きな間違いです。教員は子どもを教育する専門職なので、当然それにふさわしい資質や能力が求められます。面接の受け答えの練習も大事ですが、服装や身だしなみ、礼儀作法もチェックしておきましょう。できれば、ほかの人にチェックしてもらうとよいでしょう。

面接当日に持っていくカバン

　持ち物はなるべく多くならないようにします。物が多いと必要な書類がどこにいったかわからなくなってしまうからです。できれば、ひとつのカバンで行動するとよいでしょう。入れ方も工夫し、必要なものはすぐ取り出せるようにしましょう。

　また、大きなバッグを持参する人もいますが、B4やA3の用紙が入る程度のもので大丈夫です。リュックサックやボディーバッグは面接会場には、ふさわしくないので避けたほうがよいです。

身だしなみのポイント①　あいさつ

会場入口から試験は始まっている

　面接会場には、試験に携わる人がたくさん行き交っています。そのため「会場に到着したら、入口から試験が始まっている」という心がけが大切です。面接官だけに威勢よくあいさつするのではなく、受付でもきちんと声を出してあいさつします。係員に会場を案内されたら、「ありがとうございました」と感謝するのを忘れずに。

　面接官に対しても、明るく元気よくあいさつすることで印象はよくなります。あいさつは「できるから優れていること」ではなく、「できて当たり前のこと」です。照れくさいからといって、曖昧なあいさつだけは避けましょう。

Point

- ・受付でもしっかりとあいさつする
- ・案内されたら「ありがとうございました」と感謝する
- ・面接官にも明るく元気にあいさつする

身だしなみのポイント②　立ち方・歩き方

背筋をまっすぐ伸ばして美しい立ち姿に

　猫背になっていると元気や自信がなさそうに見えます。背筋をまっすぐ伸ばし、歩くときは体をまっすぐに立て、頭を起こしてあごを引きます。腕は自然な感じで振りましょう。立つときは左右のひざとかかとをきちんとつけて、つま先はV字型に軽く開きます。さらに肩の力を抜いて手の指先を伸ばすことで、美しい立ち姿になります。

CHECK!　面接中の視線の位置

　面接中は、面接官の鼻からネクタイの結び目辺りに自分の目を向けます。質問に答えるときは、質問した面接官の目を見て話すようにします。上目づかいや流し目はもちろん、意地悪な質問をされて相手をにらむのもNGです。緊張のあまり相手をにらんでしまったり、自信なさげにうつむき加減になる人もいるので、そのようなクセは早めに修正しておきましょう。

身だしなみのポイント③ 座り方

　椅子に深く座ると、あごが上がってえらそうに見えてしまいます。3分の2程度に浅く腰掛ければ、やや前のめりになり、自然とやる気がある姿を表現できます。

　また、猫背になると顔が下を向き印象が悪くなるので、背筋は伸ばしておきましょう。この姿勢をキープするのはなかなか難しいので、日頃からこの姿勢で座るようにして、体を慣らしておきましょう。

正しい座り方

男性の場合
手は軽く握ってひざの上に置き、ひざとひざの間はこぶし1個分ぐらい空ける

女性の場合
両足のひざをきちんとつけ、手はひざもしくはももの上に重ねて置く

男性　女性

ダメな座り方

男性の場合
よく足を広げすぎて座る人がいるが、横柄な印象を与えてしまうのでほどほどに

女性の場合
ファッションモデルのように、ナナメに椅子に座ったり、足を横に流すのは控える

男性　女性

MINI COLUMN 緊張を抑えるテクニック

　面接試験では、大なり小なり誰もがあがってしまうもの。緊張感がないのも問題だが、なかには緊張しすぎて手足が震えたり、泣いてしまう人もいる。あがってしまい普段の実力を発揮できなかったらあまりにもやり切れないので、緊張をほぐすテクニックをマスターしておこう。

あがり症の人に見られる症状
・顔が赤くなる
・動悸が激しくなる
・手や汗が震える
・冷や汗が出る
・のどがかわいて声が出にくくなる
・何を話しているのかわからなくなってしまう
・泣いてしまう

・息をしっかりと吐く
　緊張するとつい深呼吸しがちだが、空気をたくさん吸うとかえって緊張が増してしまうことも。リラックスしたいときは息を大きく吐いてから吸い込むほうが効果的だ。
・笑顔で話す
　緊張して顔が真っ赤でも、笑顔で話せば好印象を与えることができる。逆に緊張で顔が引きつったままだと、相手に悪い印象を抱かせてしまうので要注意だ。
・面接の舞台に慣れる
　面接という特殊な環境が、緊張感を増幅させることも。模擬面接など本番に近い環境で練習を重ね、実戦に臨むとよい。

面接時のNG行動

これらの行動は無意識のうちにやっていることも多いので、練習を重ねて早めに解消しましょう。

視線をそらす

受験生が面接官の目をそらしながら話すと、「コミュニケーション能力がない」というレッテルが貼られてしまうことも。面接の練習を重ね、場の雰囲気に慣れていこう。

手癖が悪い

頭や顔をポリポリかくと、清潔感がないように見られる。話している最中に指をいじったり、手もみをするのも面接官から見ると気になってしまうので、気をつけておきたい。

貧乏ゆすり

とくに男性に多く見られる貧乏ゆすり。無意識にやってしまうものだが、体を揺らしていると悪印象を与えてしまうので要注意だ。

咳払い

咳をするのは生理現象のひとつなので、クセだとわかっていても直すのはなかなか困難。それでも改善の余地があるのであれば、修正するに越したことはない。

慌ててしまう

面接の"作法"にこだわるあまり、順番を間違えただけであたふたしてしまうのは考えモノ。仮に間違っても、挙動不審にならず堂々と振る舞ったほうがよい。

態度が大きい

本当に態度が横柄な人は論外だが、なかには態度が大きいように見えてしまう人もいる。意地が悪い質問をされてもふてくされず、腕を組むなど誤解されそうな行動も控えるようにする。

髪の毛をさわる

女性によく見られるクセのひとつ。これも無意識にやってしまう人がいるので、自覚がある人はあらかじめ髪を束ね、すぐに触れることができないようにする。

声が小さい

ボソボソと小声で話すのは、いくら緊張しているからといってよいものではない。これは自信がない人にありがちなので、話す内容をしっかりとまとめておく。

声が大きすぎる

面接で声が大きいのは明るくて元気がよい印象を与えるが、声が大きすぎるのも問題だ。自分で声が大きいと思ったら、意識してトーンを抑えるようにしよう。

話のやり取りがぎこちない

面接官の質問が終わらないうちに話し始めたり、的を得ていない回答をすると、コミュニケーション能力に問題アリとみなされてしまうので要注意。

身だしなみのチェックポイント

男性 スーツは体型にフィットしたものを選ぶ

　スーツは大きすぎると、どうしてもだらしない印象を与えがちになる。体型にフィットしたものを選ぼう。また不潔な印象を与えかねないので、スーツのしわには十分注意しよう。またズボンは、折り目がついていると清潔感を感じさせるので、ズボンプレッサーを買うのも手である。

髪型
個性的な髪型は印象がよくないので、清潔で爽やかな髪型が理想。当日は寝ぐせがついていないかどうかチェックする。

顔
鼻毛が出ていないかどうか、ヒゲの剃り残しがないかどうか確認する。

ネクタイ
スーツとの色の相性にもよるが、派手でなく落ち着いた色合いのものを選ぶ。直前にはネクタイが曲がっていないかどうかチェックしよう。

スーツ
男性はグレーや紺系統の無地のものが、落ち着いて清潔な印象を与える。体型にフィットしたものを選ぼう。スーツのしわには要注意。

スーツのボタン
ボタンは2つまたは3つのものが多い。きちんとかけておく。

ワイシャツ
白の無地のものが無難。着る前にアイロンをかけるのも忘れずに。

袖
スーツの袖からのぞくシャツは、1cm程度にしておくとよい。

ベルト
派手な色はNG。黒い革靴なら黒いベルトにするなど、靴とベルトの色を合わせるとよい。

ズボンのすそ
ズボンのすそは、靴の甲に少ししかかるぐらいがよい。

靴下
白や柄物、派手な色のものは目立つのでNG。黒・紺など色の濃いもの、丈が少し長めのものがよい。

靴
黒や茶色など、シンプルな色合いのものがベスト。靴の汚れは意外と目立つので、面接前に磨いておこう。

女性 化粧は健康で明るいナチュラルイメージに

女性のメイクは、美しさよりも健康で明るいイメージを出すことが大切。ナチュラルメイクを心がけ、口紅は透明感があるピンク系のものをうすく塗ろう。またネックレスやイヤリングなどのアクセサリー類は、身につけないほうがよい。

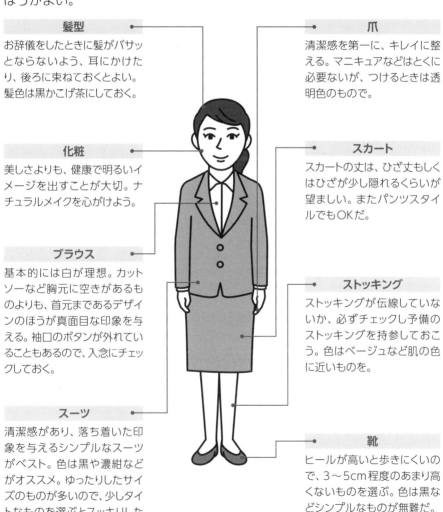

髪型

お辞儀をしたときに髪がバサッとならないよう、耳にかけたり、後ろに束ねておくとよい。髪色は黒かこげ茶にしておく。

化粧

美しさよりも、健康で明るいイメージを出すことが大切。ナチュラルメイクを心がけよう。

ブラウス

基本的には白が理想。カットソーなど胸元に空きがあるものよりも、首元まであるデザインのほうが真面目な印象を与える。袖口のボタンが外れていることもあるので、入念にチェックしておく。

スーツ

清潔感があり、落ち着いた印象を与えるシンプルなスーツがベスト。色は黒や濃紺などがオススメ。ゆったりしたサイズのものが多いので、少しタイトなものを選ぶとスッキリした印象を与える。

爪

清潔感を第一に、キレイに整える。マニキュアなどはとくに必要ないが、つけるときは透明色のもので。

スカート

スカートの丈は、ひざ丈もしくはひざが少し隠れるくらいが望ましい。またパンツスタイルでもOKだ。

ストッキング

ストッキングが伝線していないか、必ずチェックし予備のストッキングを持参しておこう。色はベージュなど肌の色に近いものを。

靴

ヒールが高いと歩きにくいので、3〜5cm程度のあまり高くないものを選ぶ。色は黒などシンプルなものが無難だ。大きな飾りがついていたり、派手な色合いのものは避ける。

好印象を与える入室と退室のマナー

■ 控えめな態度は自信のない態度と受け取られるので、自信をもって臨む
■ 元気よく、明るくハキハキと答弁ができると、やる気もアピールできる

明るく元気に前向きな姿勢で臨む

　試験が近づくと不安も増していくものですが、それは誰もが抱いています。控えめな態度は自信がないとみなされてしまうので、前向きに自信を持って臨むことが大事です。**自分がこれまでに培ってきた特性や個性に自信を持ち、元気よく前向きな姿勢で受け答えしましょう。**そうすれば、教員という仕事に対する熱意が面接官に伝わるはずです。ただし、自信に満ちあふれすぎていると、傲慢で謙虚さに欠けるとみなされてしまうので要注意です。

　また大きな声で話すのは、教員にとって大変重要な資質です。何しろ朝から昼過ぎまで、子どもたちを前に話し続けるのですから、大きな声をコンスタントに出せないと教員は務まりません。声に自信がない人は、発声練習からやり直してみましょう。

携帯電話の電源はOFFに！

　ほとんどの人が面接会場に携帯電話（スマートフォン）を持参しますが、面接会場で呼び出し音が鳴らないよう、電源はOFFにしておきましょう。またマナーモードにしても、バイブの音は意外と響くので気をつけましょう。このほか腕時計のアラームなど、音が鳴るものはすべてOFFにします。

off!

入室から着席までの流れ

名前を呼ばれたら、いよいよ面接がスタートします。このとき慌てず「はい」と返事し、ひと呼吸おいてから部屋に入りましょう。

入室

ドアをノックする

面接室のドアをノックするが、あらかじめノックが必要かどうか確認しておくとよい。ノックは室内に聞こえるよう2回叩き、面接官から「どうぞ」「お入りください」などと声をかけられるまで、ドアを開けてはならない。

ドアを開ける

「失礼します」とハッキリと言ってから、ドアを開ける。後ろ手でドアを閉めるのは失礼にあたるので、ドアに体を向けて静かに閉める。ドアノブを両手で握るようにすると、ていねいな印象を与えることができ、用意された椅子の横にたち、面接官に「○○○○です。よろしくお願いします」と元気よくお辞儀をする。また部屋に入るときは、下を向かないよう気をつける。

着席する

「お座りください」など、面接官に促されてから椅子に座る。その際、「失礼します」と言うのを忘れずに。荷物があるときは、椅子の横や所定の場所に置いておく。

着席

MINI COLUMN

教員採用試験に合格したあとは……

　教員採用試験に合格すると受験自治体の採用候補者名簿に登載され、教員になる可能性がグッと高まる。ところが名簿に登載されたからといって、全員が教員になれるというわけではない。

　名簿に登載される期間は1年間で、その間の欠員状況で採用者の数は変わっていく。ちなみに名簿には、必要とされる人数よりも多めに登載される。そのため、採用試験に合格しても採用される学校がないという事態も生じてしまうのだ。

　名簿は採用試験の結果に応じてランク分けしている自治体もあり、その場合は成績優秀者から採用が決まっていく。"再チャレンジ"を防ぎたいのであれば、なるべく優秀な成績で試験を突破するのが、採用への近道となる。

好印象を与えるお辞儀の仕方

お辞儀をするときは、あいさつの言葉を述べながらお辞儀するときと、最初にあいさつの言葉を述べてから頭を下げるときがありますが、あいさつをしてから頭を下げたほうがより丁寧といえます。

1 背筋を伸ばすのが基本

左右のひざとかかとをきちんとつけ、つま先はV字型に。両手はズボンやスカートの脇に沿わせ、面接官に向かって笑顔で対峙しよう。

2 背筋を曲げずに頭を下げる

背筋は伸ばしたまま、上体を腰から前に傾けるようにする。このとき首が下に折れすぎないよう気をつけるほか、面接官に向かってアイコンタクトをするのも忘れずに。

3 角度は30度がちょうどよい

お辞儀は角度によって意味合いが異なる。会釈は15度、敬礼は30度、最敬礼は45度が目安となる。面接では30度もしくは45度が妥当な角度といえる。

4 元の姿勢に戻す

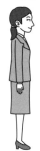

お辞儀をしたところでいったん動きを止め、そのあとゆっくりと体を戻していく。すぐに体を起こしてしまう人は、心の中で1秒数えるとよい。

CHECK! **控え室での過ごし方も気をつける**

「面接は、面接官とのやり取りだけを評価している」と思っている人は多いですが、面接会場ではいつ、どこで、誰が、何をチェックしているかわかりません。面接は会場に入ってから後にするまで行われていると思い、行動しましょう。

また面接会場の控え室ではリラックスすることも大事ですが、大声を出したり、笑ったりするなど、目立った行動をとるのもよろしくありません。控え室での態度もチェックされていると思い、なるべく気を抜かないようにしましょう。面接票をチェックしたり、携帯電話の電源がOFFになっているかどうか確認しておくとよいです。

面接終了から退室までの流れ

　入室時はきちんとしていても、退室のあいさつがおろそかになる受験者も多くいます。「終わりよければすべてよし」という言葉があるように、最後まで気を抜かずに臨みましょう。

面接終了

お礼を述べる

「面接はこれで終了です。お疲れ様でした」などと面接官から告げられたら、椅子の横に立って「ありがとうございました」とお礼の言葉を述べる。

ドアの前でも一礼する

荷物などの忘れ物がないよう気をつけつつ、静かな足取りでドアへ向かっていく。そしてドアのところで再び面接官に顔を向け、「ありがとうございました」とお礼を述べる。そしてドアはなるべく大きな音を立てず、ゆっくりと開け閉めする。バタンと大きく音を立てるのは決まりが悪いので注意しよう。

最後まで油断は禁物！

面接室を出ても、面接会場がある建物の中にいる限りは気を抜いてはいけない。うっかり大声を出して、それを別の面接官に見られるというケースもあるので、くれぐれも油断は禁物だ。

退出

MINI COLUMN

臨時採用教員という選択肢

　教員採用試験に合格できなかった、または合格したが採用に至らなかった……。そんな人たちに残された選択肢のひとつが、「臨時採用教員」である。臨時採用教員には常勤と非常勤の2種類があるが、応募すれば即採用されるわけではないので気をつけよう。

常勤　主に小・中学校で採用。産休や病気入院などで教員が足りなくなったときに採用する。日々の仕事は正規の教員とほぼ同じで、採用期間の仕事ぶりが評価されると、引き続き更新されることも。

非常勤　主に高校で採用。授業のコマ数に応じた時給制で、担当の授業があるときに出勤する。正規の教員が担当する校務分掌を任されることはない。また1校だけでなく、複数の学校を兼任することも可能。

COLUMN 3

10年ごとに更新する「教員免許更新制」とは?

　教職員になるための免許状を一定期間ごとに更新する制度を「教員免許更新制」という。教員の質や学力低下が問題視された2000年代前半から議論され始め、2009年4月1日から導入された。この制度は、教員として最新の知識・技能を身につけることを目的とし、免許状授与から10年ごとに更新していく。

　教員免許を保有している人は、講習を受けないと失効する。これから教職に就こうという人には縁遠い話かもしれないが、教員の仕事を全うしたいのであれば、このようなルールがあることを知っておいたほうがよい。

　更新講習は長時間に及ぶが、校長や教頭など教員を指導する立場の人や優秀教員表彰者は、受講しなくても免許管理者に申請するだけで免許を更新できる。

教員免許更新制 (2018年3月25日に教職科目を満たして卒業の場合)

2018年3月25日	2028年3月31日	2038年3月31日
↑	↑	↑
免許状授与	更新	有効期間

最初の有効期間は、卒業から10年経った2028年の年度末まで。

更新したあとの有効期間は2028年から10年後の2038年の年度末まで。

免許状更新講習の内容

　教職についての省察、並びに子どもの変化、教育政策の動向および学校の内外における連携協力についての理解に関する事項。

- 法令改正および国の審議会の状況など
- 学校における危機管理上の課題
- 学校を巡る近年の状況の変化
- 教員としての子ども観、教育観などについての省察
- 子どもの発達に関する脳科学、心理学などにおける最新の知見(特別支援教育に関するものも含む)
- 学習指導要領改訂の動向など
- 子どもの生活の変化を踏まえた課題
- さまざまな問題に対する組織的対応の必然性

Chapter 4
集団面接&集団討論のポイント

ここでは、近年増加傾向にある集団面接・集団討論の実施方法と評価のポイント、試験に臨むうえで心がけておくことを紹介します。しっかりと自分の意見を述べつつ、周囲の受験者にも気を配る協調性、集団をまとめる指導力も求められています。

集団面接の進め方と内容を知る

- ■ 集団面接の質問内容や流れを押さえ、攻略のポイントを探っていく
- ■ 自分の意見を考えるだけでなく、ほかの受験生の発言にも注意を払う

集団面接の質問分野は幅広い

　集団面接は5〜8人の受験生に対し、2〜5人の面接官が質問する形式で行われます。まずは簡単な自己紹介から始まり、次に「好きな教科は？」や「あなたが目指す理想の教師像は？」など、面接官からの質問に1人ずつ答えていきます。このとき回答順は面接官が決める場合があれば、挙手順に答えることもあります。

　また「今日の学校教育の課題」や「これからの学校や教育のあり方」など、面接官が提起した問題について、自分の考えを述べることもあります。そしてある程度時間が経つと、今度は今までの回答を参考にした質疑も行われます。質問に対する回答も大事ですが、面接中の態度や表情も評価のポイントとなるので気をつけましょう。

集団面接の質問内容

　質問の分野は幅が広いので、事前に要点を整理するだけでなく、それについての「自分の考え」もまとめておきましょう。

- ・自己PR　　　　　1人ずつ自己紹介、志望動機など
- ・教職に関する質問　理想とする教師像、信頼される教師とは、人権教育について、障がい児教育について、教師の資質など
- ・場面設定の質問　　先輩教師と意見が違った場合にどう対応するか、生徒を理解するにはどうしたらよいか、ホームルームで意見が割れたときはどうしたらよいかなど

集団面接の会場図例

◯ 面接官　◯ 受験生

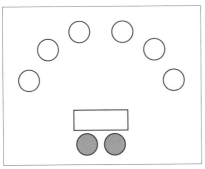
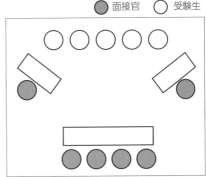
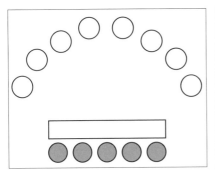
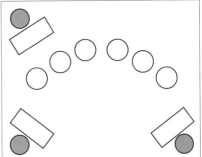

集団面接の流れ

　集団面接は20〜40分という短い時間で、受験生の人間性を相対的に
チェックしています。ちなみに集団面接の流れは会場によってそれぞれ異な
るので、臨機応変に対応できるようにしましょう。

① 決められた座席に着席する。
② 番号順に1人約1〜3分で自己紹介・自己PRをする。
③ 面接官からの質問に対し、1人ずつ回答する。
④ 面接官から課題が提起され、受験生に考える時間が用意される。
⑤ 受験生が提起された課題について、約1〜2分で自分の意見を述べる。
⑥ 面接官と受験生の間で質疑が行われる。
⑦ 質疑終了後、全員が退室する。

集団面接で気をつけるポイント

■ 集団面接では、得意になって話が長くならないよう注意する
■ 自分の考えを先に言われても、落ち着いて自分の意見を述べよう

挙手順は2〜4番手がベスト

　集団面接では回答内容だけでなく、入室から退室までの一挙手一投足が評価されます。たとえば、座っているときも、下を向いていると自信がなさそうに見えますし、横を向いているのもマイナスに評価されがちです。あごを引いて、凛とした姿勢を保ちましょう。

　また、面接官から意見を求められた際の挙手についても注意が必要です。最初に手を挙げるのは「積極性がある」と思われがちですが、最初の人の意見が基準になることが多いからです。また、積極性ばかりを意識して、あまり考えずに挙手するのもよくありません。とはいえ、後半で意見を述べると面接官の印象に残らないおそれがあるので、2〜4番手で挙手するのがベストです。

集団面接の評価の観点

表現力	面接官やほかの受験者に対し、自分の意見や考えをわかりやすく伝えている。具体的なエピソードや数値を盛り込むと、わかりやすさが増す。	協調性	自分の意見ばかりを優先しすぎず、きちんと制限時間内に回答する。また、全員が円滑に回答できるよう、気配りや心配りができる。
論理力	面接官の質問に対し、論理的に組み立てて回答できる。客観的な情報や具体的な事実を基に、自分の意見が述べられる。	人間性	面接官の質問に対して明るく朗らかに回答できる。また、服装や髪型など外見に乱れがなく、あいさつができるなど、社会的なマナーを心得ている。
安定性	ほかの受験者の回答や面接官の質問に左右されず、常に明るい態度で面接に臨むことができる。また、応答の態度や回答内容にムラがない。	理解力	面接官からの質問の意図を正しく理解し、テーマを重要な教育課題としてとらえることができる。

集団面接ではココに気をつける

集団面接では、ほかの受験者の意見に左右されず、「教育に対する情熱では誰にも負けない」という自負心の下、自分の意見を述べることが重要です。誠意ある話し方や姿勢は必ず面接官に伝わるので、前向きに臨みましょう。

① 集団面接の"空間"を支配する

集団面接では、数人の受験生がそれぞれ自分の意見を述べますが、その人の表情や雰囲気で評価が左右されることも。いくら話している内容が立派でも、それをうつむき加減でウジウジと話していたら、伝わるものも伝わらなくなってしまいます。意見を述べるときは、自信を持って堂々と述べましょう。

また、発言する際に「よろしいでしょうか？」と周囲に了解を求めたり、発言したあとに「ありがとうございます」とお礼を述べると、自然と"できるオーラ"が漂ってきます。さらに、声に抑揚をつける、間を少しあける、リズムに少し変化を与えるなど、声の出し方を工夫することで、面接官に好印象を与えることができます。

② 話が長くならないよう気をつける

質問内容が自分にとって得意な分野であっても、意気揚々と長く話し続けてはいけません。延々と話しているとほかの受験者にも迷惑をかけてしまい、「協調性がない」とみられるので要注意です。集団面接では長すぎるより短めに、与えられた時間内に述べるのがよいでしょう。的確かつ簡潔に答えましょう。

また、展開もないままダラダラと話すのも決してよいとはいえません。先に結論を話し、そこから具体的なエピソードを盛り込みつつ、その理由を述べていくようにしましょう。

③ほかの受験生の発言中も気を抜かない

集団面接では、ほかの受験生も話をしますが、そこで気を抜いてはいけません。下を向いていたり、手をいじっていたりすると、それが面接官の目に留まる可能性があるからです。大事なのはほかの受験者の発言に相づちを打つなど、「聞く姿勢」を見せることです。

このとき「聞いたフリ」ではなく、ほかの受験生がどんな話をしているのかをしっかりと聞き取っておきましょう。なぜなら「今の○○さんの発言に対して、△△さんはどう思いますか？」と質問されることがあるからです。

また、同じ土俵に立つライバルだからといって、ほかの受験生に対して必要以上に競争意識を持ってはいけません。ほかを蹴落とそうと自分だけ目立つ姿は、見ていて気持ちがいいものではありません。

④ほかの受験生の発言に惑わされない

面接官から同一の質問をされた際、どうしても気になるのがほかの受験者の回答です。ほかの人の話を聞いて自分の回答に自信をなくしたり、「もしかしたら自分の意見は間違っているかもしれない」と思うことがあるからです。そこで急きょ発言内容を変えても、しどろもどろになるのがオチなので、自分が準備した意見をきちんと述べるようにしましょう。

私が○○としているのは

先に言われた！

また、自分が発言しようとしていたことを、ほかの人が先に言ってしまうこともあります。このときも無理に意見を変えようとせず、「私も先ほど発言された○○さんと同じ考えですが……」と述べ、そこから落ち着いて回答しましょう。

CHECK!   **物事を先入観でとらえない**

物事を先入観でとらえてしまうと視野が狭くなり、多様な観点で物事がとらえられなくなってしまいます。そのため、身近にいる教育関係者に話を聞いたり、旅行などで見聞を広めるなどして視野を広げていきましょう。学校には児童・生徒や保護者、同僚教員、地域住民など、さまざまな人たちがいます。それぞれ考え方は十人十色なので、将来にも役立ちます。

集団活動の進め方と内容

　集団活動は、言葉の通り、集団で行うグループワークのことです。集団面接や集団討論と違い、受験生が協力し合って"つくり上げる"ところに目的があります。多くは、受験生4〜6人に対して面接官2〜3人で構成されます。

　集団活動の課題は面接官から当日与えられ、まずはその課題についてどう取り組むのかを参加者全員で約4〜5分考えます。その後、約1〜2分で発表をします。集団面接や集団討論と比べて実施している自治体は少ないですが、こうした試験方法があることを把握しておくとよいです。

集団活動の会場図例

○ 面接官　　○ 受験生

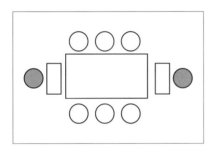 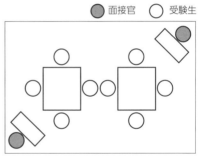

評価の観点　課題に取り組む積極性と、短い時間で課題をまとめる協調性が主に見られている。また、集団面接や集団討論と違い、相手の意見や考え方を受け入れ、尊重する姿勢が重要になってくる。

集団活動の課題例　「ゲーム活動をして、みんなで仲よくなりなさい」
「学級だよりを作成する」
「あなたが考える街づくりについて話し合いなさい」
「海底探検隊になって、海底を探検する」

集団活動のポイント

1　相手の意見を聞く「傾聴力」が大事。参加者の意見をまとめ、統合していく力も必要である。
2　活動に夢中になりすぎて、教員採用試験であることを忘れてはならない。
3　相手との競争ではないので、自分だけが目立とうとせず、協力し合うことが大事。
4　参加者全員が活動できる雰囲気をつくっていく。乗り切れていない参加者がいたら、励ますような言動も必要である。

集団討論の進め方と内容を知る

■ 集団討論と集団面接の違いを理解し、攻略ポイントを探っていく
■ 「協調性」「話す力」など、集団討論の評価の観点をつかんでおく

集団討論と集団面接はココが違う

　集団討論（グループディスカッション）は、6〜8人の受験生に対し、面接官2〜3人が進行・評価する試験方式です。集団面接と異なるのは、与えられたテーマについてグループ内で討論する点です。面接官の1人が司会者となって討論させる方式と、受験生だけで話し合う方式があります。受験者だけで討論するときは、受験生の中から司会者を決める場合もあります。討論時間は自治体によって異なりますが、20〜40分が一般的です。

　集団討論のテーマには、今日の学校教育の課題や理想の教師像、今後の学校や教育のあり方といった教育的なテーマから、社会情勢や人権問題などの社会的なテーマまで、幅広い分野の中から出題されます。そのため、**与えられた課題について、ただ知っているだけでなく、自分なりの意見や考え方を持っておくことが大事です。**

集団討論の出題例

- 自分のクラスでいじめ問題が発生したら、どう対処するか?
- 今後、教員に求められる資質能力はどんなことか?
- 「生きる力」とは、具体的にどのようなものか?
- 親からのクレームに、どう対処していくか?
- 児童・生徒が「このクラスでよかった」と思えるクラスにするために、どう取り組んでいくべきか?
- 「命の大切さ」について、児童・生徒に対してどう伝えればよいか?

集団討論の会場図例

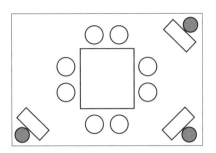

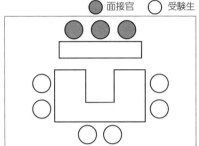

● 面接官　○ 受験生

集団討論の評価の観点

　面接官は討論中の言動や討論の経過をチェックしています。自分の見方や考えを述べるだけでなく、ほかの受験生の意見にも耳を傾け、それぞれの意見をまとめていくようにしましょう。

①話す力がある

　ほかの受験生や面接官に対し、自分の意見や考え方をわかりやすく伝えることができる。このとき、意見の中に客観的な情報や具体的な事実が含まれていたり、論理的に矛盾がなかったり、体系的にとらえているかどうかがポイントとなる。

②協調性がある

　ほかの受験生の意見や考えにもしっかりと耳を傾け、そのうえで自分の意見を的確に述べることができる。受容性や包容力があるかどうかが評価される。また前の人の意見を肯定しつつ、違った切り口で討論できると高い評価を得やすい。

③安定性を有している

　自分の意見や考えが、他人によってコロコロと変わりすぎない。また反論されてもムキにならず、常に明るく品位を保った態度で対処する。

④指導力がある

　途中で議論が行き詰まったとき、それを打開する力がある。また、さまざまな意見が出たとき、それをうまくまとめる力があるかどうかも評価のポイントとなる。討論中には話がそれたり、意見が対立することも多々あるので、そこで臨機応変な対応ができれば評価が高い。

⑤理解力がある

　面接官から与えられたテーマの意図を正しく理解し、自分の立場の状況判断を適切に判断することができる。

集団討論で気をつけるポイント

■ 集団討論では一人よがりに意見を述べたり、相手を攻撃しないようにする
■ 司会を任されたときは、全員に発言の機会を与えるよう気を配る

集団討論に臨むうえで心がけておくこと

　討論を始める前に、座席や番号順に自己紹介や自己ＰＲをする場合があります。長く話しすぎるのはダメですが、受験の校種や教科名を述べるだけで終わるのはもったいないです。せっかくのアピールの機会なので、短い時間で自分をしっかりとアピールしましょう。

　司会者から指名されたときは、なるべく１分以内で自分の意見を述べていきます。発表する際は、「私は○○についてこう思います」と先に結論を述べ、後からその理由を話せば、相手にわかりやすく伝わります。さらに発言する内容に具体的な事例を付け加えれば、説得力が増します。

　また、発言が後になったときは、自分の意見が他の受験生に言われてしまうことがあります。そのときは「皆さんと同じ意見になりますが……」と前置きしたうえで、自分の意見を述べましょう。

司会を任されたときは……

　集団討論では、面接官から司会を任されたり、ほかの受験者から司会を頼まれることがあります。そのときは進んで司会役を引き受けましょう。

　司会になったら、まずは全員に発言の機会を与えるようにします。円滑に討論が進むような気配りや心配りが大切です。攻撃的な発言や感情的な意見にも、柔軟に対応できるとよいです。

　討論が終わったら、「ご協力、ありがとうございました」と簡単な礼を述べておきましょう。

集団討論ではココに気をつける

集団討論では、自分の意思をはっきりと表示するのが大切です。意見が曖昧だと「自信がない」「コミュニケーション能力に欠ける」とみなされてしまうので注意しましょう。

①たくさん発言すればいいというわけ ではない

面接官から「自由に発言してください」と言われたのを真に受けて、ほかの受験生よりも優位に立ちたいあまり、たくさん発言する受験生がいます。しかし、集団討論は自分だけ目立てばいいというわけではありません。

ほかの受験生の意見をよく聞こうとする力も評価に含まれるので、さまざまな意見を踏まえ、議論を積み上げていきます。集団討論は"量"よりも"質"を重視することが大切です。

②相手をやりこめようとしない

集団討論で絶対にやってはいけないのが、相手を傷つけるような発言です。ほかの受験生の意見に対して攻撃的に反論したり、言葉尻をとらえて相手をやり込めるのもよくありません。ほかの受験生が発言した内容に対して「絶対にできない」と決めつけるのは相手に失礼ですし、協調性や協力性に欠けるとみなされてしまいます。集団討論は勝ち負けを決めたり、白黒つけるものではないことを認識しておきましょう。

集団討論が終わったときは、面接官だけでなく、ほかの受験生に対しても「ありがとうございました」と、明るく元気に礼を述べるようにしましょう。

ディベート形式の集団討論

　受験生を多面的に評価するため、最近ではディベート方式の集団討論を実施する自治体が増えています。事前に用意されたテーマについて賛成側（肯定的な意見）と反対側（否定的な意見）に分かれ、両者が討論を繰り広げます。時間は20～30分が一般的で、対面式の会場で進められます。

　このディベート形式の集団討論でも感情的にならず、相手の意見を冷静に理解し、そのうえで自分の意見を述べるのが大事です。また話が長すぎるのも悪い印象を与えてしまうので、発言は1～2分程度にまとめておくのが無難です。

ディベート形式の会場図例

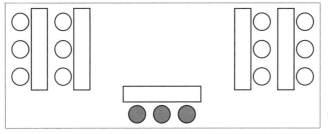

●面接官　○受験生

評価の観点　面接官やほかの受験生に対して自分の考えや意見を分かりやすく伝える力があるかどうか。そして自ら進んで討論に参加する積極性や、与えられたテーマを正しく判断する理解力があるかどうかなど、評価の観点は一般的な集団討論とほとんど同じである。

ディベート形式のポイント

1　意見を述べたいときはきちんと挙手して、司会の面接官の了解を得てから発言する。発言は1～2分程度にまとめておく。
2　「私は○○について賛成（反対）です。理由は2点ありまして」など、最初に結論を述べ、そこから理由を発表するとわかりやすい。さらに具体的な事例を加えると、より説得力が増す。
3　賛成・反対の立場は明確にしておく。賛成側なのに反対寄りの意見を述べるのは控える。
4　相手側の意見に矛盾があったり、テーマからかけ離れているときは、その点を冷静かつ鋭く指摘すると評価が高まる。

COLUMN **4**

何だかんだで恵まれている!?
教員の給料事情

　教員を目指す人の中には、「(教員は)年収が高くて将来が安泰」という印象を抱いている人も少なくない。

　地方公務員である公立学校の教員の給料は、都道府県の教育委員会により決定される。一方、私立校は個別に設定されているが、給料は民間企業の平均額と同程度とみてよい。

　教員給与の内訳は、基本給と教員調整額、さらに諸手当を含めた額が支給される。教職調整額は、民間企業の残業手当のようなものである。ただし、教員の仕事は部活動の顧問など時間外の仕事も少なくないので、どこまでを時間外とするかは判断が難しい。そのため、給与月額の4%を教職調整額という形で支給しているのだ。

　また、教員の給与には、通勤手当や扶養手当、住居手当など、さまざまな手当がつく。これらの手当は地域によって異なり、学校を異動したり、役職が変わると支給されなくなる手当もある。

教員の平均給与月額

小学校	336.2千円 (43.4歳)
中学校	346.0千円 (43.8歳)
高等学校	362.9千円 (45.4歳)

※諸手当及び調整額を除く
※( )内は平均年齢
※2016年の学校教員統計調査より

給料以外の主な手当 ※東京都の例

地域手当　大都市など生活費がかかる地域で勤務するときに支給される。地域によっては20%支給されることもある。

扶養手当　扶養する子がいれば9000円。15〜22歳の子がいる場合はさらに1人あたり4000円加算される。配偶者や扶養親族1人につき6000円。

住居手当　世帯主等のうち年度末時点の年齢35歳未満で、月額1万5000円以上の家賃を支払っている場合、1万5000円が支給される。

通勤手当　交通機関利用者(電車やバスなど)の場合、1カ月あたりの支給限度は5万5000円で、原則6カ月の定期券額を支給。交通用具使用者(自動車、自転車など)は、通勤距離に応じて原則6カ月分を一括支給。

そ の 他　期末・勤勉手当、退職手当、管理職手当、初任給調整手当、特殊勤務手当、超過勤務手当、夜勤手当、宿日直手当など。

COLUMN **5**

「食育」の生きた教材でもある
学校給食の重要性

　学校（小学校、中学校など）で提供される給食は、単に栄養を補給するのが目的ではない。実際の食事を通して食料の自給率や生産地など、食に関することを学ぶ場でもある。さらに、食事の準備に始まり、あと片付けに至るまで、食事のルールやマナーを学ぶ場でもある。クラスメイトと一緒に食事をすることで、人間関係が育まれる場でもある。

　その一方で、食物アレルギーや食べ残しなどの問題がある。とくにアレルギーは、担任のミスで子どもが救急搬送される事故も起きているので、養護教諭や保護者との連携が必要である。面接では「食べ残しが多い場合、どう対処しますか」と質問されることもあるが、このとき「全部食べさせるようにします」と答えると、食物アレルギーに対する理解が少ないとみなされてしまう。このような状況では、子どもの様子を見ながら対応していく必要がある。

食に関する指導目標

　食に関する指導を行うにあたっては、次のようなことを目標として実施することが大切である。

- 食事の重要性、食事の喜び、楽しさを理解させる
- 心身の成長や健康の保持増進のうえで望ましい栄養や食事のとり方を理解し、自ら管理していく能力に身につけさせる
- 正しい知識・情報に基づいて、食品の品質および安全性等について自ら判断できる能力を身につけさせる
- 食べ物を大事にし、食料の生産等に関わる人々へ感謝する心を持たせる
- 食事のマナーや食事を通じた人間関係形成能力を身につけさせる
- 各地域の産物、食文化や食に関わる歴史等を理解させ、尊重する心を持たせる

※『食に関する指導の手引』（文部科学省）

Chapter 5

個人面接のポイント

個人面接では、自己PRと志望動機をいかに行うかが重要です。
ここでは、個人面接で必ずといってもいいほど聞かれる自己PR
と志望動機をいかにつくっていくか。そして、個人面接の評価の
観点と、気をつけるポイントを紹介していきます。

個人面接の進め方と内容を知る

■ 個人面接では、受験者に対して総合的な評価が下される
■ 外見から内面まで、さまざまな角度から総合的に判定される

　個人面接はすべての面接の基本であり、自治体の教員採用試験で実施されています。集団面接のように、ほかの受験者が参加するわけではないので、その人に対して絶対的な評価が下されます。また回答の内容や態度、さらには第一印象など、評価の基準も大変多角的です。ですから、**身だしなみや振る舞いなど、改善できる点は早めに対策を施していきましょう**。いくら面接の席で立派なことを話しても、第一印象が悪いと、面接官がそのイメージを引きずってしまうので要注意です。

　現在の教育現場では、児童や生徒が問題を起こした（直面した）とき、教員が的確に対応することが求められています。

　面接では、状況対応力や判断力、安定性などが見られているので、「面接は聞かれたことだけ答えれば大丈夫」と安易に考えず、しっかりと対策を練って臨みましょう。

面接の評価基準の段階

　各自治体によって評価の基準は異なりますが、一般的には5段階で評価されます。合格するには少なくとも4以上の評価は必要になります。

　面接官が2人いる場合は、それぞれの評定を基に話し合い、評価をつけることが多いです。また評定票には、評定の理由を記入する欄があります。

5段階評価の例

5　たいへん優れている
4　優れている
3　普通である
2　少し劣っている
1　劣っている

個人面接の会場図例

受験生が1人に対して面接官が複数なのは、受験者を客観的に観察するためだ。マンツーマンだと主観に左右されるおそれもあり、公正かつ公平な試験を行うには最低2人の面接官が必要なのだ。

一般的な会場の様子

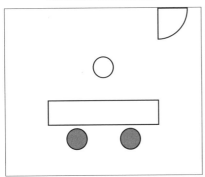

特別な会場の様子

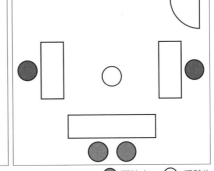

⬤ 面接官　◯ 受験生

面接官は必ず複数で対応し、たいてい2人である。1人の面接官が評価する一方で、もう1人の面接官は評価をしていることが多い。途中でその役割が変わるが、受験者は質問をしている面接官に向かって話すとよい。

面接官のほか、監察官が同席することもある。監察官は質問をせず、観察と評価に専念する。このほか部屋を移動し、違った内容の個人面接を受けるという形式もある。ただし、会場の様子はそんなに大きくは変わらない。

第一印象をよくするには笑顔が大事

面接では、入室したときの第一印象が大事です。入室したときから評価は始まっていますが、そこでの第一印象はそう簡単に変わるものではありません。

服装やマナーを変えるだけで第一印象は飛躍的によくなりますが、教員らしい、明るくさわやかな雰囲気をつくるなら、"笑顔"が重要になります。面接の場では、緊張のあまり笑顔を忘れる人が少なくありません。自分から意識して笑顔をつくり、面接官に明るく生き生きした印象を与えるよう心がけましょう。

5

個人面接のポイント

個人面接の
カギを握る自己PR

■ 自己PRは自分を売り込む絶好の場なので、自分の強みや長所をアピールしよう
■ まずは自分のアピールポイントを書き出し、整理していこう

限られた時間でアピールしたい点を伝える

　個人面接では、ほとんどの自治体で自己PRの時間を設けています。集団面接でも最初に自己PRをすることがあります。自己PRは短くて30〜40秒、長くて3〜4分設けられていますが、ここでつまずくと、面接全体に悪い影響が及ぶおそれがあります。態勢を万全に整えて臨むようにしましょう。

　自己PRの時間は限りがあるので、「あれもこれも」と盛り込むわけにはいきません。いかによいポイントを絞り込み、それを伝えていくかが重要になります。ただし、「私にはさまざまな長所があって」「いろいろ経験してきました」など、漠然とまとめすぎるのもNG。具体的な内容や数値を盛り込むことが大事です。

　そして行き詰まったときは、面接官の立場で考えてみましょう。逆の視点から見ることで、新たな展開が開くはずです。

自信を持って自己PRをする

　自慢げに自己PRをすると嫌な印象を与えがちですが、だからといって謙虚すぎるのも問題です。それが「自信がない」と受け止められ、面接官にマイナスな印象を与えてしまいます。「謙遜の文化」が根づいている日本人にとって、自分のことをよく言うのは抵抗があると思います。しかし面接の場では、自信を持って自分のよさを堂々と述べていくのが大事です。明るく笑顔で、さわやかに話していきましょう。

自己PRのつくり方

　自己PRは、そのアピールポイントが「教職や教員にどう関わっていけるのか」「子どもの教育にどんな影響を与えられるか」というのを踏まえ、考えていきましょう。

①自分のアピールポイントを書き出す
「公立小学校でボランティア経験がある」「ソフトボール部に所属し、キャプテンとしてチームをまとめた」「ピアノが得意」など、自分の強みや長所、そして特技や取得資格、ボランティア経験など、とにかく自分のアピールポイントとなるものを箇条書きしていきます。

②重要なものを抜き出す
どんな質問にも対応できるように、日頃から自分の教育信条や教師観をつくり上げておきます。また論作文に具体事例や自分の体験を盛り込むと、文章を具体的な論述にすることができます。

③どんな時間設定でもうまく話せるように練習する
自己PRの下地ができ上がったら、話す練習をしていきます。このとき、自己PR時間が何分になっても対応できるよう、いくつかパターンを用意しておきましょう。可能であれば仲間に見てもらい、率直な感想やアドバイスをもらうとよいです。また1人で練習するときはICレコーダーなどに録音し、余分なことを話していたり、「えーと」「あのー」など変な口グセを多発していないかどうか確認してみましょう。

CHECK! 自己PRはキーワードでまとめておく

　自己PRで話す内容は、文章を丸暗記するのではなく、キーワードで覚えておくとよい。文章を一字一句細かく覚えていると時間の変動に対応しにくくなり、緊張の原因にもなる可能性があるからだ。話す練習を積み重ねたうえで、最終的にはキーワードで整理しよう。

ボランティア
趣味　　地域との関わり
教職サークル　　特技
資格　　　　長所

うーん…

必ず出てくる「志望動機」の話し方

■ 教員を目指した動機は、具体的なエピソードを交えて簡潔明瞭に伝える
■「目指す教員像」を明確に記し、それを志望動機・理由につなげるとよい

志望動機・理由は一貫性を持たせる

　「なぜ教員になりたいのか？」という志望動機や志望理由は、多くの自治体の面接で問われるテーマです。事前に提出する書類にもよく記入しますが、このとき記した内容と口述が矛盾していると、「一貫性がない」とみなされてしまうので要注意です。書類に記入した内容よりもさらに詳しく問われると思って、しっかりと対策を整えておきましょう。

　また志望動機・理由は人によってさまざまですが、その動機が「目指す教師像」と関わっていることが多々あります。たとえば「A先生のような、子ども一人ひとりに対して誠意を持って接する先生になりたい」という教師像なら、「A先生との出会い」が志望動機・理由になってきます。このリンクしている部分を整理して、自分が教員を目指す理由を力強く述べていきましょう。

志望動機は話が長くなりがちに……

　志望動機や志望理由は、たとえば「恩師とのつながり」なら、恩師がどんな人で、自分がその恩師からどんな影響を受けたのかをイチから面接官に伝えなければならないので、どうしても話が冗長になりがちです。
　そうなると、全部話そうとするあまり、話すスピードが速くなるおそれがあります。志望動機・理由は面接の序盤に聞かれることが多く、ここで焦るとその後のリズムが狂ってしまいます。自己PR同様、話す内容を事前にまとめておきましょう。

個人面接における自己PR、志望動機・理由の有無

　ほとんどの自治体が2次試験で個人面接を行っていますが、なかには1次試験から個人面接を行う自治体もあります。

○自己PR　△志望動機

自治体	1次試験	2次試験	3次試験
北海道		△	
札幌市		○　△	
青森県		△	
岩手県		△	
宮城県・仙台市		○　△	
秋田県		△	
山形県		△	
福島県		△	
茨城県		○　△	
栃木県		△	
群馬県		○　△	
埼玉県		△	
さいたま市		△	
千葉県・千葉市		○　△	
東京都		○　△	
神奈川県		○　△	
横浜市		○　△	
川崎市		○　△	
相模原市		○　△	
新潟県		△	
新潟市		○　△	
富山県		○　△	
石川県	○	△	
福井県		△	
山梨県		△	
長野県		△	
岐阜県			
静岡県	○　△	○　△	
静岡市	○　△	○　△	
浜松市	○　△	○　△	
愛知県		○　△	
名古屋市		△	

自治体	1次試験	2次試験	3次試験
三重県		△	
滋賀県		△	
京都府	○　△	○　△	
京都市	△		
大阪府	○　△	○　△	
大阪市	○　△	○　△	
堺市	○　△		
豊能地区		○　△	
兵庫県		○　△	
神戸市		○　△	
奈良県			
和歌山県	○　△		
鳥取県		○　△	
島根県		○　△	
岡山県・岡山市		△	
広島県・広島市		○　△	
山口県		△	
徳島県		○　△	
香川県		○　△	
愛媛県		○　△	
高知県	△		
福岡県		△	
福岡市		○　△	
北九州市		○　△	
佐賀県		○　△	
長崎県		○　△	
熊本県		○　△	
熊本市		△	
大分県			○　△
宮崎県		○　△	
鹿児島県		○　△	
沖縄県			

※文部科学省『令和元年度教員採用等の改善に係る取組事例』を基に作成。
※石川県と堺市は1次試験と2次試験の区別をしていない。

CHECK! 志望動機で多く見られる「恩師との出会い」

　面接で志望動機を話すとき、多く見られるのが「恩師との出会い」です。もちろん、これは動機として素晴らしいものですが、「熱心な先生だった」「気にかけてくださった」など、内容が単調すぎると面接官の印象に残りません。

　大事なのは、その恩師との出会いで自分がどのような影響を受け、教師を目指そうと思ったかということです。具体的なエピソードを交えて、感情を込めて教員に対する熱意を述べていきましょう。

個人面接の 攻略ポイントを知る

■ 面接官が受験生のどんな点をチェックしているのかを把握する
■ 話すときは一本調子にならず、抑揚を意識して話すようにする

面接では受験生のココが見られている

個人面接で面接官がチェックするポイントは、自治体によって異なります。事前に各自治体が求める教員像をチェックし、それに合わせて対策を練っていきましょう。

面接では、すべて素のままで臨むのはよくありませんが、とはいえ「できる自分」を見せようとするあまり、硬くなって力が発揮できないこともあります。完ぺきな人間というのは稀であり、自分が足りない部分を補うために努力する姿勢を見せることが大切です。

また教育の現場では、ちょっとしたことでも動揺しない「心のタフさ」が求められています。意地悪な質問をされたり、想定していない質問をされて心が乱れるようだと「安定性がない」とみなされてしまうので、繰り返しにはなりますが、面接の練習を積み重ねて不安を解消していきましょう。

個人面接の評価の観点

① 面接官に対して自分の意見や伝えたいことを、わかりやすく伝えられているかどうか。
② 教員になったときの意欲や情熱、積極性が感じられるか。
③ 面接官からの質問に対し、動揺や乱れが生じることなく、落ち着いて自分が伝えたいことを話せるかどうか。
④ 教員としてふさわしい人間性（明るい、品位、服装や髪型に乱れがない）を備えているか。
⑤ 客観的な情報や具体的な事実を基に、論理的に自分の意見や考えを述べられるかどうか。

面接の話し方でやってしまいがちな行動

面接では、質問に対する回答内容だけでなく、話し方も大変重要です。緊張のあまり、やってしまいがちな行動を事前に押さえておきましょう。

① 声が一本調子になる

話し方が一本調子になるのとならないのでは、面接官への伝わり方がかなり違ってきます。たとえば「休日は体を休めますが、教材研究も進めます」と話すときは、「教材研究も」に抑揚をつけましょう。

一本調子な話し方	声に抑揚をつける
休日は体を休めますが、教材研究は進めます	休日は体を休めますが、<u>教材研究は</u>進めます

② 第一声が小さい

面接では第一印象が大事ですが、これは第一声も同じこと。お腹からしっかりと声を出し、笑顔であいさつしましょう。これが「教員になりたい」という熱意を伝える第一歩になります。

③ 声がだんだん小さくなる

第一声がしっかりしていても、面接が進むうちに声が小さくなる人も少なくありません。また語尾が尻切れトンボになる人もいるので、言葉は最後までしっかりと伝えるよう心がけましょう。

CHECK!

想定外の質問をされたら……

面接官は受験生の人間性や真の実力を見るため、想定外の質問をして受験生を戸惑わせることがあります。これは受験者に意地悪をするためではなく、混乱した状況での対応や反応を確認するのが目的です。不快な表情は評価を下げるので、しっかりと心の準備を整えておきましょう。

想定外な質問① —— 同じ質問をする

面接官 「……なるほど。では、もう一度、教員になりたいと思ったきっかけを話してもらえますか?」

「さっき話したのに…」と不快にならず、落ち着いて回答する。このとき、最初の回答と話す内容が変わらないよう気をつける。

想定外な質問② —— 不快感を与える言葉をはさむ

面接官 「もしできなかったら、どうしますか?」

カッとならず、落ち着いて「今は厳しいかもしれませんが、努力してやり遂げます」などと回答する。

想定外な質問③ —— 話題を急に変える

受験者 「自信を持って子どもたちと接したいと思っております」
面接官 「なるほど。ところで、学力低下問題についてどう思いますか?」

前の回答が否定されたように思うかもしれないが、戸惑うことなく平常心で答える。

COLUMN 6

うまく話すための
発声練習をマスターする

　教員は、子どもたちに勉強を教える際に、あまりに声が聞き取りづらいと、面接でも不利になるおそれがある。そこで、聞き手がイライラしない、円滑なコミュニケーションをはかるための発声法をマスターしよう。

　面接では、話の内容は素晴らしくても、滑舌が悪くなったり、話す声が小さかったりすると、それが相手にうまく伝わらない場合がある。しかし普段から発声の練習を重ねておけば、うまく声が出せるようになる。

　トレーニング方法はさまざまあるが、ここでは声にメリハリをつけるための発声練習を紹介する。頭では完ぺきなイメージを描いていても、それが面接で発揮されるとは限らないので、声を出す訓練は常に必要である。

声にメリハリをつける方法

①息を吸う
口をしっかり閉じ、鼻から息をたっぷりと吸う。

②息を吐く
吸い込んだ息を、口から一気に吐き出す。

③声を出す
息を吐いたあと、再び口を閉じて鼻から息を吸う。そして「あっ！」と声を出し、口を再び閉じる。

あっ！

Chapter 6
個人面接＆集団面接
頻出質問への
ベスト回答
― 志望動機編 ―

ここからは、教員採用試験の面接でよく出される質問について、ダメな回答例と本気度が伝わる回答例を紹介し、攻略するためのアドバイスをします。最初に紹介するのは、教師を目指したきっかけや理想の教師像など、志望動機に関する質問・回答例です。

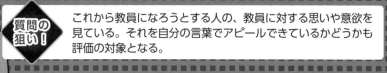

Q.01 教員を目指したきっかけを教えてください

質問の狙い！ これから教員になろうとする人の、教員に対する思いや意欲を見ている。それを自分の言葉でアピールできているかどうかも評価の対象となる。

❌ 志望動機がネガティブな印象を与えている

　<u>私は民間企業の物をつくったり売ったりする姿勢にあまり共感が持てず、</u>それよりも子どもたちと触れ合って、その成長を確かめられる教師のほうが向いているのかなと感じ、応募しました。

　中学3年生のときに社会科が好きだったので、<u>社会科の面白さを伝えたいと思い、教師を目指しました。</u>また前は特別支援の先生を目指していましたが、大学生のときに小学生とたくさん関わるなかで、<u>小学校の教員を目指すようになりました。</u>

❌ 理由がいくつもあってわかりにくい

ワンポイントアドバイス

　「志望動機」は一番最初の大切な質問なので、評価を上げられる具体的な話を練習しよう。慌ててたくさんつくっても、「数打ちゃ当たる」にはならないので、事前に志望動機はきちんと固めておく必要がある。また「何となく教員を目指した」「民間企業が合わなそう」など、志望動機がネガティブだと、これもまたマイナス評価になる可能性があるので要注意だ。

⬆ フォローアップ

発展質問 あなたは、自分が教員に向いていると思っていますか？

狙い これも志望動機を確かめる質問のひとつ。単に「向いています」と答えるだけでなく、その理由も述べていく。

答え方 「教育実習のときに自然と生き生きしていた」など、自分で教師に向いている点を素直に述べる。理由が曖昧だと、教員としての意気込みが低いように思われてしまうので気をつけよう。

本気度○が伝わる回答例

中学の時の担任の先生に憧れ、教師になろうと決意をしました。(1) その先生は社会科の楽しさを授業の内容だけではなく体験を通して教えてくれる先生でした。
世界の民族のファッションショーをしたり、自分たちが実感できる形での工夫を授業の中にも随所に入れてくれたり、その先生の指導した内容をしっかりと覚えていると模試でも良い成績を取ることができました。
その先生のように面白く、また力をつけられる内容を入れ込んだ授業を目指していきたいと考えています。(2)

本気度が伝わるステップアップ

(1) 最初に結論を述べる

結論を先に話してから理由に入っていくことで、話が理解しやすい。逆に時系列にダラダラと話し、最後にようやく「…という理由で、私は教員を目指しました」とまとめるのは、話が伝わりにくいので要注意だ。

(2) 具体的なエピソードを交えている

一つの結論に一つのエピソードでまとめる方がより深く相手の心に届き、好印象を与えやすい。こうしたエピソードは話が長くなってしまいがちだが、それをいかに簡潔にまとめるかがポイントとなる。

さらに印象アップ！

自分の特性をアピールする

話の内容により説得力を持たせたいのであれば、自分が教員に向いている特性を有していることも主張するとよい。たとえば「子どもたちと一緒にいると楽しく感じられる」ことや、「子どもたちを教え、一緒に学び合うことに喜びや楽しさを感じる」など、自分の特性を織り交ぜながらアピールしてみよう。ただし、教員への意欲が熱すぎるあまり、話が長くならないようにしよう。

Q.02 どんな先生になりたいですか？

質問の狙い！ マニュアルに書かれた「理想の教師像」を羅列して述べるのではなく、自分がなりたいと思っている教師像を具体的に述べる。

❌ **発言がネガティブすぎる**

最近の教育現場では、使命感や責任感がない教師が増えている印象を受けます。そういった教師が増えることは、子どもたちの将来に悪い影響を与えるのではないかと思っています。

そこで私は責任を持って子どもたちと向き合える教師になりたいと思っています。

❌ **具体的な理由がない**

☝ ワンポイントアドバイス

「どういう教師になりたいか？」と聞かれて、「こういう教師はイヤです」と反面教師の話をするのはよくない。

各自治体の求める教師像や教育政策を参考にし、さらにそこに自分の言葉を重ねて伝えるようにしよう。そうすると自治体のことも配慮し、効果的な伝え方ができる人物だという印象を与えることができる。

⬆ フォローアップ

発展質問 教師になったとき、自分に課したいことは何ですか？

狙い 教員になったあとも、子供たちのために努力ができるのか、手本を示そうとしてくれるのか。

答え方 「常に学び続けること、教師として子供たちの前に立つ限り、見本として勉強を続けたいと思います。勉強は好きなので、自分が学ぶ姿を見せることで子供たちにも勉強の楽しさを伝えていけると考えます」など前向きな言葉を伝えていくとよい。

その1

　私は子供たちのために全力を注ぎ、どんなときも諦めず臨んでいく覚悟です。教師が子どもに力をつけることを諦めてしまったら、誰もその子の成長を信じる人がいないかもしれません。たとえ教師一人であってもその子の可能性を信じられる教師でいたいと思っています。そのために具体的な方法を考え、その子に合わせた指導を行っていきます。

その2

　私は柔軟に子供たちに接することができる教師になっていたいと考えます。今変化の多い時代の中で、自分が プログラミング教育や英語教育、STEAM教育など、新しい変化を学びながら柔軟に取り組んでいきたいと考えます。そして将来に不安を持つ子供たちに、それらを活用した明るい未来がある可能性を伝えていける教師になっていきたいと思います。

②

 本気度が伝わるステップアップ

① 決意と覚悟を持って相手に伝える

教員としての決意や覚悟を伝え、子供たちのために全力で向かい努力をしている印象を与えることが大切である。ボソボソと言ったり、言葉に詰まったりすると、「この先生で大丈夫かな」という印象を与えてしまうので、前向きにはっきりとした声で伝えよう。

② 変化の激しい今だからこそ伝えたいこともある

学習指導要領の改訂で、新しい教育キーワードがたくさん出てきている。情報化社会、Society5.0（超スマート社会）を迎えるにあたって、その変化に柔軟に対応できる要因が求められている。特に若い人には、これからの変化に柔軟な教育が求められていることを念頭に話を展開すると、他の人とは違った印象を与えることができる。

 どうしてこの校種を選びましたか?

質問の狙い! この質問では、自分がその校種(小学校、中学校など)をなぜ選んだのかを、ポイントを押さえつつ簡潔に話せるとよい。

❌「面倒くさそうだから」と言っているようにも聞こえる

　小学校は担任制なので、<u>自分が苦手な科目を教えないといけません。</u>しかしその点、中学校は<u>自分が得意な科目を教えればよいので、</u>自分の力を存分に発揮できると思い、中学校にしました。

❌「ラクそうだから」と言っているようにも聞こえる

ワンポイントアドバイス

　教員の仕事には、それなりに苦労は付きもの。小学校には小学校なりの、中学校には中学校なりの大変さがある。しかし、それを承知で教員採用試験を受けに来ているのだから、「何となく」「ラクそうだから」という印象を持たれそうな回答は控えるべきだ。

 フォローアップ

発展質問　赴任先で希望する地域はありますか?

狙い　その自治体の特色にもよるが、赴任先の希望や僻地への勤務について聞かれることもある。僻地が多い自治体ほど、この質問は重みを増していくといってよい。

答え方　僻地が多い地域では、そういった場所でも情熱を燃やせる人材をほしがっている。そのため、「教壇に立てるならば、私はどこへでも行くつもりでいます」など、教職への意欲と情熱を伝えるチャンスだと思って回答しよう。そして僻地に赴任する覚悟を、前もって持っておく必要がある。

本気度が伝わる回答例

その1

面接官　どうして小学校の教員を目指したのですか？

受験者　小学校は朝から帰るまで、子どもたちと長く過ごせますが、<u>その中で一緒にいろいろ学んだり、成長することができるので、小学校がいいと思いました。</u>

その2

　私は元々、<u>高校のときの先生に憧れて教師を目指しました。</u>最初は高校の教師になろうと思いましたが、教育実習などを通して、中学・高校だとどうしても生徒と関わる時間が少ないということがわかり、<u>子どもたちの成長を確認できるのは小学校なのではないかという思いに至りました。</u>

　ですので、1日を通して子どもたちと接し、その子たちを伸ばしていきながら、ともに充実感を味わえる教師になっていきたいと思っています。

本気度が伝わるステップアップ

① 短く簡潔に話す

「校種を選んだ理由」は志望動機や自己PRとは違い、そこまで重要度が高い質問ではないので、あまり長々と話さず、短く簡潔に話すとよい。ただし、話のポイントはしっかりと押さえておくことを忘れずに。

② 説明が必要なときは、しっかり説明する

たとえば「高校の教師に憧れたけど、小学校の教師を志望する」など、志望動機と志望校種に違いがあるときは、その理由を明確に述べる必要がある。この場合は志望動機ともつながる話なので、多少話が長くなってもかまわない。そして「○○という理由で小学校の教師を目指すことにしました。○○な教師になりたいです」と"目指す教師像"もセットで話せば、話に厚みが出てくる。面接官から「高校の先生に憧れていたのに、なぜ小学校の先生になろうと思ったのですか？」と聞かれることもあるので、あらかじめ回答できる準備はしておこう。

なぜ当自治体（当校）を志望しましたか？

質問の狙い！ 自分が志望する自治体について、きちんと調べているかどうかが見られる。また他県出身者の場合は、なぜその自治体に興味を持ったのかを問われることが多い。

 **ダメ✕な回答例**

その1

✕ 説明が不十分

私は長野県で生まれ育ったので、自分の故郷の教育に携わりたいと思い志望しました。

その2

✕ 受験する自治体に対して失礼

私の出身県は倍率が高くて合格が難しいので、倍率が低くて比較的合格しやすい○○県を志望しました。

NGワード 「合格しやすいので」
これが率直な理由なのかもしれないが、これは受験する自治体に対して失礼にあたる。打算的すぎて、よい印象は与えられない。

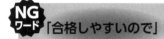 **ワンポイントアドバイス**

「出身県だから（試験を）受けました」というのは、あまりに安易な回答だ。また「教壇に立つことができるならば、○○県に限らず、どこでも頑張りたいです」という回答は、質問に対する的を得ていないので要注意だ。

フォローアップ

発展質問 当自治体で取り組んでいる教育政策○○について、説明してください。

狙い 各自治体では、その自治体が推し進めている教育政策がある。受験する自治体についてどれだけ知っているのかを推し量るために、こういった質問をすることもある。

答え方 まずは自分が受ける自治体の教育政策は、最低限知っておく。また「○○県の教育プランは、とても素晴らしいと思います」など、アバウトな回答をするのはNG。

本気度○が伝わる回答例

①

　私が長野県を志望したのは、<u>長野県の「子どもたちに情熱を持って接する」という理念</u>に、とても共感したからです。この地で教育の目的を達成するために、日々努力していきたいと思っています。

　また私は長野県で生まれ育ち、長野県の風土を愛しているのも志望した理由のひとつです。<u>長野県には、スキーがあります。そして山があります。スケートもあります。</u>どれもみんな好きで、自分も趣味でやっているので、将来、長野県の教員になったときには、子どもたちともそれを楽しんだり、いろんなことを教えたいと思っています。　　　　※長野県の場合

②

 本気度が伝わるステップアップ

① 志望する自治体について調べておく
　この手の質問では最初に「地元である」と言う人が多いが、それを言う前に、まずは受験する自治体の教育理念に共感した点を話したほうがよい。こうした情報は自治体のホームページなどで調べれば入手できるので、きちんと調べておこう。

② 自治体の好きなところをアピールする
　地元の話をするときは、「地元のよさ」を明確にする必要がある。その自治体の特産品や風土などにふれて、なおかつそれが好きだということが伝わるエピソードを話すようにしよう。面接官から不意に「○○県の花は知っていますか？」と問われることもあるので、受験自治体について調べておくに越したことはない。

さらに 印象アップ！

他県を受験するときは……
　出身地以外の自治体を受けるときは、必ずといってよいほど「なぜ地元ではなく、○○県を受けたのですか？」と聞かれる。しかし、ここでその自治体に関する知識や志望理由をアピールすれば、面接官に好印象を与えることができる。ピンチはチャンスだと思って、対策を施しておこう。

6

個人面接＆集団面接　頻出質問へのベスト回答 ― 志望動機 編 ―

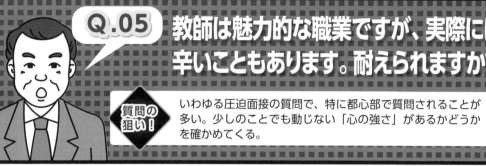

Q.05　教師は魅力的な職業ですが、実際には辛いこともあります。耐えられますか？

質問の狙い！　いわゆる圧迫面接の質問で、特に都心部で質問されることが多い。少しのことでも動じない「心の強さ」があるかどうかを確かめてくる。

❌ 面接官に不安を抱かせる回答

　まだ教師という仕事をしたことがないので心配はあります。しかし、今まで子どもと関わるボランティアやアルバイトをしてきたのに加え、居酒屋のアルバイトやイベントの手伝いなど、子どもと関わる以外の活動をしてきました。そこでは割と挫折したこともあったのですが、子ども相手の活動をしていると、何かうまくいかなかったときも、「もう少し頑張ってみよう」という気持ちが湧いてきたので、子どもたちと関わっていれば、大丈夫だと思っています。

❌ 単に一般社会で通用しないとも見て取れる

🖐 ワンポイントアドバイス

　現在、とくに都心部では心の病気などで休職・退職する教員が増加傾向にある。そのため、教育の現場では心身が安定した人材を求めている。心配を吐露すると、面接官に「この人を採用して本当に大丈夫かな」という不安を抱かせてしまう。

⬆ フォローアップ

発展質問　最近、大きな病気にかかったことはありますか？

狙い　受験者の健康状態を探るほか、健康に対してどれだけ高い意識を持っているかを問いている。

答え方　まずは自分が今までにかかった大きな病気について率直に述べ、その際、どのような治療をし、自分が健康に対してどれだけ気を使っているのかについても話す。

本気度が伝わる回答例

①

　はい、<u>耐えられます。</u>教師という職業は、子どもの将来に影響を与える本当に尊い職業ですし、<u>そのような職に就きたいと強く思っているからです。</u>

　また、教師になって、少しでも子どもたちと関わっていくために、今も勉強をしておりますし、そのための努力をこれからも続けていきたいと思っています。とくに私は特別支援について深く学んできました。そこで子どもたちと関わるなかで、その子たちを一生涯支えていきたい、そしてその子たちの将来まで見据えた教育をしていきたいと、強く思いました。

　ときには子どもが言うことを聞いてくれず、学級経営がうまくいかなくなったり、保護者とうまくいかず大変な思いをすることがあるかもしれません。しかし、<u>普通のクラスでも、特別支援のクラスでも、子どもたちを包み込んで育て上げる教師になるための努力をこれからも続けていくので、</u>私は大丈夫だと考えています。

②

 本気度が伝わるステップアップ

① 教員になりたいという思いを強く伝える

圧迫系の面接は、相手にのまれてしまってはいけない。しっかりとした口調で、自分の教員に対する思いを伝えることが大事である。また冒頭で「耐えられます」と話すことで、自分が教員の仕事に耐えられることを、はっきりとアピールすることができる。

② 耐えられる"根拠"を示す

なかには「気合いで乗り越えられます！」と、精神論的な言葉を話す人もいるが、口では何とでも言えるもの。教員という大変な仕事に耐えられるだけの、明確な根拠を示すことで、説得力が増すことを忘れずに。また「優先順位をつけて、効率的に作業を進める」など、実際に職務に就いたときを想定した仕事習慣の工夫などを述べてもよい。

Q.06 教師ではなく、民間の企業に勤める道もあったのでは?

質問の狙い! 聞かれることはそれほど多くない質問だが、こうした「予想だにしない質問」をされることもある。不意の質問にどう対応できるかが見られている。

 ダメな回答例

面接官　民間企業などは受けないのですか?

受験者　<u>今は</u>、まったく考えていません。 ✖ 曖昧なキーワード

面接官　『今は』ということは、今後考えるということですか?

受験者　もし、<u>教員の採用試験に受からなかったら……</u>
✖ 面接官の誘導に引っかかってしまう

NGワード　「今は……」　その答えに自信や確信がないときに出てしまうフレーズ。面接官に「今は○○だけど、そのうち心変わりするのでは?」と思わせてしまう。

 ワンポイントアドバイス

　曖昧に答えたために言葉尻をとらえられ、面接の流れがおかしくなってしまう典型例。質問に対しては、毅然とした姿勢で答えるのが大事である。

 フォローアップ

発展質問　今日はどうやって来ましたか?

狙い　面接では、稀にこちらが想定していない質問をされることがある。用意してきた自己PRや志望動機がしっかり言えても、こうした不意の質問で言葉が詰まってしまうケースは意外と多い。準備は万全でも「対応力がない」と見られてしまうので、要注意だ。

答え方　この質問自体、そんなに意味があるわけではない。落ち着いて、自分が来たルートを説明しよう。長々と話さず、簡潔に述べるのがポイント。

本気度が伝わる回答例

その1

　私は中学生のときから教師になりたいと思い、大学もその思いから○○教育大学を選びました。大学でも特別支援のボランティアや家庭教師のアルバイトなど、卒業してから教師としてやっていくための活動に取り組んできました。したがって、教師以外の職種を考えたことはありません。①

その2

　民間の企業に勤める道も、考えてみたらよかったのかもしれません。しかし、私自身、教師になることしか考えずに大学生活を過ごしてきたので、今は教員をやっていくことに希望と熱意を燃やしています。②

本気度が伝わるステップアップ

① 教員ひと筋なら、その旨をしっかりと伝える

教員採用試験の面接で、民間企業との併願について聞かれることはほとんどない。だが、こうした不意の質問に対しても、しっかりと教職への熱意や思いを伝えられるかどうかがポイントとなる。もし100％民間を考えていないのであれば、何もためらわずにその旨をしっかりと伝えよう。

②「民間＜教職」であることを伝える

頭に何かしら民間のことが引っかかっているときも、「多少はありますが……」と言いつつ、それにも増して教職に就くことへの情熱や意欲を伝えるとよい。また、こうした質問では、「民間も考えてみたらよかったかもしれません」などと曖昧に答えると、「受けるということも考えているんだね？」など、言葉尻をとらえて面接がヘンな方向に進んでしまうこともある。そのため、誘導されても「今は教師になることしか考えていません」と、キッパリ答えるようにしよう。面接官の老獪な"誘導尋問"を避けたいのであれば、最初から「民間企業を受けようとは思っていません」と答えてしまうのも、手段のひとつである。

Q.07 最近のニュースの中で、気になる内容はありましたか？

質問の狙い！ 身近な話題で受験者の緊張感を解いていくと共に、その人の学びに対する意識を確認したい意図があるので、興味を引きつつ、内容はさっと伝えられるのが望ましい。

本気度が伝わる回答例 ○

①

はい。全小中学生に一人一台パソコンというニュースがとても印象的でした。13兆円もの予算をかけて全員にパソコンを支給し、環境を整備するのは大変だと思いました。それでもICT活用の本などで学ぶ中で、その必要性をさらに強く感じるようになりました。

本気度が伝わるステップアップ

① 最先端の話題や考えに触れる

内容は暗い記事よりも明るい記事の方がその人の印象を良くします。教育の話題に関しては、変化していて重要な話題である内容を出すことが望ましい。ICT活用や働き方改革など、今の時代の変化に敏感であることが伝わるとさらによい。そのような情報を得るために、教育新聞をチェックしたり、文部科学省メール マガジンに登録したり、雑誌を購読するなど日頃から最新の情報が自分に入ってくるようにしているとよい。

さらに 印象アップ！

自分で調べたり実践すると説得力が高くなる！

上記回答では、「どんな本を読んだのですか」などと追加質問が来ることも予想される。その時、例えばプログラミング教育の本を読んで、その中にある〇〇を実践して…、などと自分がやってきたことや関わってきたことに結びつけられるとよい。

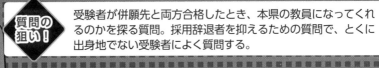

Q.08 他の自治体（学校）の試験も受けていますか?

質問の狙い!
受験者が併願先と両方合格したとき、本県の教員になってくれるのかを探る質問。採用辞退者を抑えるための質問で、とくに出身地でない受験者によく質問する。

本気度が伝わる回答例

（○○県での面接にて）

※○○県が第1志望の場合

　私は、<u>○○県と△△県の試験を受けています。</u>① ただし、○○県で受かったときは、○○県で教員をやりたいと思っています。

（△△県での面接にて）

受験者　私は、○○県と△△県の試験を受けています。

面接官　両方受かったらどうしますか?

受験者　そのとき、また考えたいと思います。──②

 本気度が伝わるステップアップ

① ウソはつかない

「第1志望の自治体なら『受けていません』と答えたほうがいい」というアドバイスもあるが、とくに他の自治体を受けていても、実際に受かっているのでそんなに関係はない。むしろウソをついているのが後になってわかると、それが問題になるおそれもあるので、ウソはつかないほうがいい。

② 「第2志望です」とは明言しない

いくら正直に答えるのがよいからといっても、わざわざ「第2志望です」と口に出す必要はない。採用されたいあまり、「合格したら、○○県（第1志望の県）は辞退します」と答えたりすると、両方受かったとき、確実に問題になるからだ。これでもし第1志望の県に入ると、第2志望の県との約束を破る形になるので、無責任な約束は交わさないようにしよう。

COLUMN 7

学校生活を楽しくする学校行事は 学級をまとめる大事なイベント

　学校のカリキュラムは「教科」「特別活動」「総合的な学習」「道徳」から構成されているが、修学旅行や文化祭といった学校行事は、「特別活動」の一環として行われている。教員はこれらの行事を企画・運営・指導していくのだが、その手腕を発揮する場でもある。たとえば、運動会なら、全教職員が係を分担して準備を進めるが、どのような運動会にするかについては、数カ月前から協議をして決めていく。準備は大変だが、運動会当日には、普段の授業では見られない子どもたちの頑張りを見ることができる。児童・生徒の新たな一面も見られるので、その後の学級経営にも大いに役立つはずだ。

　学校生活最大のイベントといえば、修学旅行である。最近では、行き先は多様化しており、かつては京都・奈良、首都圏、九州地方などが定番で、行き先もある程度決まっていた。だが、段々と企業見学や体験学習など、自分たちで取り組む旅行へと変わってきている。行き先も平和学習とレジャーが両方できる沖縄や、自然豊かな北海道などに人気が集まっている。生徒たちには楽しい修学旅行だが、旅行中の生徒は気分が解放されやすいので、教員たちは気苦労が絶えないという。

学校行事の区分

①儀式的行事…入学式、卒業式、記念式典

②学芸的行事…学芸会、文化祭、合唱コンクール、収穫祭、芸術鑑賞会

③健康安全・体育的行事…運動会、体育祭、マラソン大会、球技大会

④遠足・旅行・集団宿泊的行事…修学旅行、遠足、林間学校、
　　　　　　　　　　　　　　　　スキー合宿

⑤勤労生産・ボランティア行事…社会科見学、ボランティア活動

Chapter 7
個人面接＆集団面接
頻出質問への
ベスト回答
― 理念・知識編 ―

Chapter 7では、「教員として必要な資質」「信頼される教員」「教員の不祥事について」など、教員としての理念や知識にまつわる15の質問・回答例をピックアップ。実際の面接試験に即した形の質疑応答例を紹介し、そのポイントを解説していきます。

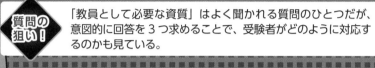

Q.09 教員として必要な資質を3つ挙げてください

質問の狙い！　「教員として必要な資質」はよく聞かれる質問のひとつだが、意図的に回答を3つ求めることで、受験者がどのように対応するのかも見ている。

受験者　「子どもの自立を見ること、学び続けること、子どもの自立や学んだことから、子どもに何ができるか考えること」だと考えています。

面接官　もう3つ挙げるとしたら？

受験者　えーと……。

 予期せぬ質問に言葉が詰まってしまう

☝ ワンポイントアドバイス

　受験者が答えにくいよう、あえて複数回答させることがある。質問に即答してもよいが、そうすると圧迫面接のリズムにハマるおそれがある。またポンポンと答えが飛び出すと、「適当に答えているのでは？」とも思われてしまう。まずは、その場で考えている姿勢を見せながら、落ち着いて回答していこう。

 フォローアップ

発展質問　今までの人生の中で感動したことを3つ話してください。

狙い　感動した体験を聞かれることはたまにあるが、それが3つとなると、簡単に答えるのは難しい。だが、そういう問いに対して、決してパニックになる必要はない。

答え方　20年以上生きていれば、感動したことの2つや3つはあるもの。それを記憶の糸を手繰り寄せながら、落ち着いて答えよう。また心に余裕があれば、その感動した体験が、将来、教師となったときにどう活かせるかまで話せるとよい。

本気度が伝わる回答例 ○

受験者　教員として必要な資質は、ひとつが授業力、もうひとつが子どもをまとめる統率力、そして3つ目には、子どもたちとの信頼関係をつくっていく力だと思います。私はとくに、この3つ目が大事だと考えています。①

面接官　それはなぜですか？

受験者　子どもを教え、育てるうえで必要不可欠なのは、子どもたちとの信頼関係だと思うからです。仮に授業力が完ぺきで、子どもをまとめる力があっても、信頼関係がなければ役立たないからです。

面接官　そのために、あなたはどんな努力をしていますか？

受験者　子どもたちの見本となる存在になれるよう、総合的な人間力の形成に努めています。たとえば、年配の方や自分とは違う分野で活躍している人と話し、その生き方を学んでいます。教員になってからも、自分を磨く努力を続けていきたいと思います。②

 本気度が伝わるステップアップ

① 自分が本当に必要だと思っていることを強調する

ただ3つの資質を述べるだけでなく、「とくに大事なのが……」と前置きして、自分がもっとも必要だと思っている「教員に必要な資質」を伝えよう。そこで面接官から「なぜ○○が大事なのですか？」と聞かれるようにしよう。

② 具体的な努力を伝える

教員の資質をのばすための努力を、端的に述べることで説得力が増す。また、教員になってからも学び続ける姿勢を伝えることでやる気もアピールできる。

さらに 印象アップ！

受験者の「資質」が見られている！

　この質問は「教師の資質」を尋ねているが、実は受験者自身の「資質」が見られている。「自分はこの資質を有しています」とわざわざ答える必要はないが、自分の長所も絡めて述べるとよいだろう。

Q.10 指導できる部活動はありますか?

質問の狙い!　中学校や高校の部活動は生徒指導の一環でもあるので、教員にも積極的な参加が求められている。この質問では、積極的に取り組む姿勢があるかどうかを見ている。

 不適切な表現が用いられている

　私は運動が苦手だったので、運動部の顧問は<u>あまり自信がありません。</u>しかし、部の顧問を任されたときは、まずは経験のある先輩の先生にいろいろとご指導いただき、顧問になりたいと思います。

NGワード　「自信がない」　一見、謙虚な言葉だが、これから任せようとする側から見れば、心許ない印象を受けてしまう。

 ワンポイントアドバイス

　部活動の指導者というのは、その道のプロでなくても問題はない。技術的な指導力があまりなくても、地域と連携するなど、工夫を施していく姿勢を見せることが大事である。やる気が見られない回答は問題外なので、十分注意しよう。

⬆ フォローアップ

発展質問　自分が苦手だと思う職務を、同僚の職員から任されたらどうしますか?

狙い　この手の質問に対し、さすがに「やりたくないのでやりません」とストレートに答える人はいない。前向きな回答をするのが基本だが、ただ単に「頑張ります!」と言うだけでは説得力に欠ける。

答え方　「その職務をこなすことで、今までよりもさらに一段階レベルアップするチャンスだと思い、頑張ります」など、苦手なものに取り組む前向きな姿をアピールしよう。

本気度が伝わる回答例

面接官　指導できる部活動はありますか？

受験者　私は中学・高校と野球をやってきたので、赴任する学校に野球部が
　　　　あるなら、やってみたいと思っています。　　　　　　　　　　①

面接官　もし、ほかの運動部の顧問を任されたらどうしますか？

受験者　運動は得意なほうなので、<u>ほかの運動部を任されても問題はありま</u>
　　　　<u>せん</u>。すべてが貴重な経験になりますから、もしルールがわからな
　　　　い競技であればイチから覚え、技術面で足りないときは地域の人た
　　　　ちの協力を仰ぎながら、自分も生徒とともに成長していきたいです。

面接官　部活動を任されたら、どんな指導をしていきますか？

受験者　<u>勝負にこだわるのではなく、勝ち負けを通して、人間として成長で</u>
　　　　<u>きる部活経営を目指したいと思います</u>。人間として成長するのはと
　　　　ても難しいことだと思いますが、勝って喜ぶだけでなく、負けた側
　　　　に配慮する姿勢。そして負けたときも、相手に敬意を表することが
　　　　できるなど、人としての道を、部活動を通して教えていきたいと思
　　　　います。　　　　　　　　　　　　　　　　　　　　　　　②

本気度が伝わるステップアップ

① 苦手でも積極的に取り組む姿勢を示す

とくに中学校教育では、部活動は生徒指導の一環として重要な役割を果たしている。「できなそうだから」と断るのではなく、率先して取り組むという姿勢を伝えよう。

② どのように指導するのか、熱意を持って伝える

最近では部活動の顧問になりたがらない先生が増えているので、「部活動を通して指導していく」という気概を持った若手教師は、どの現場でも求められている。自分が顧問になったら、部員をどう指導していくのか。子どもたちとともに悩み、ともに学び、ともに成長していく過程を、具体例をもって明確に示すのが大事である。

Q.11 「教育は人なり」とは
どういうことですか?

質問の狙い！　この質問では、自分がその校種（小学校、中学校など）をなぜ選んだのかを、ポイントを押さえつつ簡潔に話せるとよい。

その1

❌ 具体性に欠ける

　私は、「教育は人なり」は、未来を担う子どもたちを教えることだと解釈しています。つまり、教育は人を育てることだと考えています。

その2

「生きる力」は、文字どおり「うまく生きていく力」「生活していく力」だと思っています。子どもたちが日常生活や人との出会いで学んだことが、「生きる力」だと考えています。

❌ 中央教育審議会の内容と異なっている

ワンポイントアドバイス

　「よい教育のためには優れた教育が必要不可欠」という意味で用いられているのが、「教育は人なり」という言葉である。子どもを豊かに育て、その能力を引き出すのが教員の使命でもあるが、それを具体的なエピソードを盛り込みながら伝えられるかどうかがポイントとなる。

フォローアップ

発展質問　『生きる力』とは、どういうことですか？

狙い　「生きる力」は、平成8年の中央教育審議会答申で示されたもの。その意味をしっかりと理解しておく必要がある。

答え方　「生きる力」について説明するのはもちろん、新学習指導要領でもその理念が受け継がれているので、その点にも触れていく。このとき、学習指導要領などを丸暗記するのではなく、自分の言葉で伝えることが大事である。

本気度○が伝わる回答例

　私は、「教育は人なり」とは、子どもたちが教師など大人を見て学び、成長していくことだと考えます。

　教師が子どもに「○○をやりなさい」「掃除をしなさい」「給食をきちんと食べなさい」と言うのは簡単ですが、教師の側が掃除を一生懸命やっていなかったり、廊下を走ったりしていると、「この人は口で言うだけで何もやっていないじゃないか」ということを学んでしまいます。教師が一生懸命生きていなければ、子どもたちも「一生懸命生きるなんてかっこ悪いんだ」と考えるのではないかと思います。

　なので、私は子どもたちの憧れになれるような人になっていきたいと思います。そういうところを日々少しずつ、示すことができればと思っています。

　未熟なところもあるかと思いますが、頑張っていきたいと考えています。

① ②

本気度が伝わるステップアップ

① 具体的な話を盛り込む
抽象的な質問なので、具体的な話を盛り込み、わかりやすく回答するとよい。理論的・観念的なことばかりを述べるのではなく、「教師が約束を守らない」→「口で言うだけ」など、わかりやすい例示を入れると、面接官の興味を惹きつけやすくなる。

② 一生懸命、誠実に伝える
かっこよく答えてもいいが、そうでなければ一生懸命、誠実に答えていくことが、終始一貫して重要である。横柄に上から目線で答えるとマイナス評価になりかねないので、気をつけよう。

さらに 印象アップ！

「教育は人なり」という言葉を再認識する
　「教育は人なり」という言葉は、昔から使われている。最近、さまざまな教育問題が巻き起こっているが、教員採用試験を受けるに際し、改めて心の中にとどめておくべき言葉といえる。

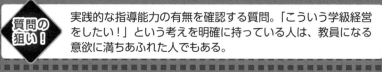

Q.12 学級経営で大切にしたいことは何ですか？

質問の狙い！ 実践的な指導能力の有無を確認する質問。「こういう学級経営をしたい！」という考えを明確に持っている人は、教員になる意欲に満ちあふれた人でもある。

❌ 投げやりに見える

　私は、子どもたちが自分で気づき、<u>学んでいけばいい</u>と思っています。そこで、子どもたちがやることに対してイチイチ口を出すのではなく、<u>後ろから見守っていこうと考えています。</u>

❌ 子どもと正面から向き合うのを避けている

☝ **ワンポイントアドバイス**

　夢や希望を語る項目なので、明るく前向きに話すのがポイント。発言が否定的だったり、暗いトーンで話したりすると、減点材料になってしまうので要注意だ。また子どもと向き合うのを避けているような発言も、「熱意が足りない」と受け止められてしまう。

⬆ **フォローアップ**

発展質問　担任として、最初に教壇に立つときは、子どもたちにどんなあいさつをしますか？

狙い　学級担任として迎える最初の日は、その後の学級経営を左右するほど重要度が高い。そんな大事な日に、どういう姿勢で子どもたちに接するのかを見ている。

答え方　1学期の始業式は、子どもたちも不安を感じるもの。そこでまずは明るく元気にあいさつし、子どもたちに「この先生なら大丈夫そうだ」という安心感を与える。威張りすぎるのもよくないが、逆に媚びすぎると子どもたちからなめられてしまい、学級崩壊などの原因になるので気をつけよう。

本気度が伝わる**回答例**

その1

① 私は、友だち同士が助け合えるクラスをつくりたいと思っています。

　教師が子どもたちに温かく接していると、子どもたち同士も温かく接し合えるようになると思います。なので、お互いの良さを認め合ったり、お互いの良いところを見つめ合ったり、励まし合ったりするような関係を構築できるクラスにしていきたいです。

②

その2

　私はあきらめないことが大切だと考えています。子どもたちができるようになるまで、絶対にあきらめない。そして子どもたちにも、1つの問題をあきらめないで解くようにする。そうすることで、粘り強い子どもたちになってもらえるのではないかと思っています。

　この「あきらめない」ということを続けることによって、どんな子もできた、どんな子もわかったという状況をつくれるのではないかと思います。

 本気度が伝わるステップアップ

① キーワードを入れ、その理由を明確に述べる

最初に、自分が学級経営を行う際にもっとも大事なことを述べる。そしてそのあとに理由を述べることで、面接官に自分の思いが伝わりやすくなる。

② はっきり主張できることは「〜です」と力強く述べる

面接では「〜だと思っています」「〜だと考えています」と答える受験者が多いが、ハッキリと答えられる項目については、「〜です」と答えることも大事である。力強く答えることで、面接官の印象もよくなる。

さらに **印象アップ！**

学級経営で必要なことを押さえておく

　「学級の生活基盤・組織づくり」「子どもの悩みの解決」「心身・学力の発達」など、学級経営ではやるべきことが山積している。まずは学級の活動内容を把握し、そのうえで自分が学級経営するとなったら、何を大切にしていくかを考えてみよう。そこから「教員としての目標」なども見えてくるはずだ。

Q.13 教師の研究と修養についてどう思いますか?

質問の狙い！　教員として採用されたあとも、自分を高めようとする意欲があるか。そして、自分を高めるための努力とは一体何なのかを問う質問である。

 ダメな回答例

❌「研究」と「修養」をひとくくりにしている

　私は、研究と修養は教師としての自分を高めるためには欠かせないものだと考えています。

　教育実習のときには、教材の研究に取り組みました。放課後だけでは時間が足りず、毎日家で、夜遅くまで取り組んでいました。

❌努力をアピールしているつもりでも、「時間の使い方が下手」と思われてしまうことも

👆 ワンポイントアドバイス

　「『○○』と『△△』についてどう思いますか?」と質問されたときに、それをひとくくりにして答えるのは、「質問の意図が読み取れていない」という評価につながってしまう。また「夜遅くまでやっていました」などとアピールすると、逆に時間を効率よく使うのが下手な人に思われてしまうので要注意だ。

 フォローアップ

発展質問　教員の指導力を向上させるには、どうすればいいと思いますか?

狙い　子どもたちが惹きこまれる授業を行うために、教員は何をすべきかを尋ねている。

答え方　子どもたちに確かな学力を身につけさせるための教材研究や児童・生徒理解を、自分が考えた言葉で伝える。この質問では未来への展望について聞いているので、前向きに回答したほうがよい。

本気度が伝わる回答例

その1

　私は、「研究」は子どもたちの授業をより良くしていくため、また「修養」は、子どもたちに学校以外の知識を教えていくために必要なことだと思っています。

　授業をよくしていくために研究していく姿勢は、ずっと持ち続けていたいと思っていますが、一方で映画を観たり、趣味のウェイクボードを楽しむなど、そういった休日に楽しんだことを伝えることも、子どもにとっての教育になると思います。なので、私はさまざまな「修養」を積むということも大事にしていきたいです。

その2

　私は、教師であるかぎり、「研究」と「修養」を続けていく教師が、素晴らしい教師ではないかと思っています。「研究」とは、教師が今の子どもたちに力をつけるために重ねていくべきもので、「修養」とは逆にさまざまな知識や経験を積み重ねる、知っておくことだと思います。

　また「研究」は「知識を実践する場」、「修養」は「知識を得る場」という違いがあるのかなと考えています。

①

②

本気度が伝わるステップアップ

① 「研究」と「修養」について話す

「研究とは○○」「修養とは△△」というように、それぞれの言葉が自分にとってどういうものなのかを述べる。「研究」と「修養」を比較しながら話してもよいし、それぞれ別個に話してもよい。

② 前向きな表現で伝える

「研究」と「修養」について、その場でとっさに説明するのは学生にとって難しいことだが、「○○をやらなければならない」など、後ろ向きな表現はあまり用いないほうがよい。プラスの言葉で伝えるようにしよう。

さらに 印象アップ！

教材研究の重要性を認識しておく

　わかりやすい授業を行うために教材研究の努力を重ねることは、教員にとって絶対に必要なことである。その点をしっかりと理解したうえで回答するようにすれば、自然と良い言葉が思い浮かんでくるはずだ。

 Q.14　地域との連携で大切にしたいことは何ですか?

質問の狙い!　特色があって開かれた学校づくりを推進するために、地域と連携することが欠かせない。受験者が地域との連携について、どう考えているかを見ている。

 ダメな回答例

その1

❌ 視野が狭い印象を受ける

　地域との関わりは大事ですが、実際に学校教育を支えているのは教師たちです。そのため、地域の人たちに頼るのではなく、まずは教師一人ひとりが自分たちの力量を高めるのが大事なのではないかと思います。

その2

　地域との連携を深めるためには、まずはその地域にどんな人がいるのかを知っておく必要があります。そこで地域の人材を調べ、活用していきたいと思います。

❌ 調べたあと、どう活用するのかを述べてほしい

 ワンポイントアドバイス

　学校教育の大部分を支えているのは教師ではあるが、保護者や地域社会など、学校以外の人たちも貢献していることを忘れてはならない。そうしたことを踏まえ、普段から地域社会と学校の結びつきについて考えていれば、質問されたときにしっかりと意見を述べることができる。

⬆ フォローアップ

発展質問	「地域の教育力」が低下すると、子どもたちにどんな影響を及ぼすと思いますか?
狙い	「地域の教育力」に対し、どれだけ理解があるのかを見る。
答え方	まずは「地域の教育力」が何であるかを理解し、そのうえで回答する。このとき、自分が受験する地域の教育環境の特徴を把握し、回答に反映させるとよい。

本気度が伝わる回答例

①

　私が地域との連携で大切にしたいことは、<u>地域の文化などを、さまざまな形で子どもたちに伝えていくことだと考えています。</u>

　私が教育実習で赴いた学校では、<u>蚕を飼う学習をやっていました。</u>養蚕業を営んでいる方から分けていただいた蚕を育て、最後にお礼の手紙や感想などをお送りする活動を毎年行っていました。最初は蚕を触れなかった子どもたちが、「かわいい」と言いながら蚕を触っていたのがとても印象深かったです。

　こうした地域の人や文化と関わる経験を通して、子どもたちが地域の人と関われる機会をつくっていければと思っています。

②

本気度が伝わるステップアップ

① 地域との連携が必要不可欠であることを説く
「地域の人に授業を参観してもらう」「福祉関係の施設で、児童・生徒がボランティア活動に参加する」「地域の人に学校へ来てもらい、講演や講座をしてもらう」など、学校と地域の連携にはさまざまな方法がある。突飛すぎなければ正しい回答といえるので、自分の考えを述べていこう。またその際、学校教育には地域との連携が欠かせない理由も付け加えるとよい。

② 自分の体験から話を引き出していく
このような質問ではどうしても一般論が展開されがちだが、面接はあくまで自己アピールの場。自分が過去に経験してきたことを踏まえ、地域と連携するとき何が大事なのかを伝えよう。

さらに 印象アップ！

自分が受ける自治体にちなんだ回答をする
　自分が受験する自治体の教育環境の特徴や、その地域の特徴（農業・産業、豊かな自然、歴史的遺産、伝統文化など）をよく研究し、回答に反映させるとよい。それによって、受験自治体をよく研究していることもアピールできる。

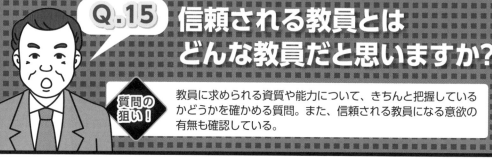

Q.15 信頼される教員とはどんな教員だと思いますか？

質問の狙い！ 教員に求められる資質や能力について、きちんと把握しているかどうかを確かめる質問。また、信頼される教員になる意欲の有無も確認している。

 ダメな回答例

その1

❌ 子どもに媚びすぎている

　私は、常に子どもの側に立ち、その気持ちを理解している先生が、信頼される教員だと思っています。子どもたちの味方であることを示せば、子どもたちも信頼を寄せてくれるのではないでしょうか。

その2

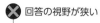 ❌ 回答の視野が狭い

　私は、子どもの受験への指導が熱心な先生だと思います。少しでもよい学校に進むことが、子どもたちのためになると思っているので、熱心な受験指導を行う先生は、必ず子どもたちから信頼されると思います。

ワンポイントアドバイス

　いじめや学力低下、モンスターペアレントなど、学校に関する問題は複雑化している。これらの問題を解決するには「信頼される教員」が必要とされるが、それは「ただ好かれるだけの先生」や「受験指導だけが上手な先生」ではない。

 ### フォローアップ

発展質問 総合的な人間力を持った教員とは、どんな教員でしょうか？

狙い 「信頼される教員」になるために必要な"総合的な人間力"について、もう少し深く突っ込んでいる。

答え方 豊かな人間性や社会性、コミュニケーション能力などがあることを主張するとよい。加えて、自分がそれらの能力をどれだけ有しているのかについてもアピールしておきたい。

本気度が伝わる回答例

受験者 <u>信頼される教員は"教職"という仕事に対して責任感があり、実践的な指導力や専門的な知識を含む、総合的な人間力を有している人ではないかと思っています。</u> ①

面接官 では、総合的な人間力を身につけるため、あなたはどのようなことをしていますか？

受験者 教育に関する専門的な知識を学びつつ、子どもたちと一緒に遊んだり、給食を食べたり、掃除をするなど<u>コミュニケーションを重ねる</u>ことで、子どもたち一人ひとりを理解しようとしています。 ②

 本気度が伝わるステップアップ

① 必要なのは「総合力」
意欲があっても、それにともなう能力や知識が乏しければ、子どもたちの期待に応えられず、結局、信頼を損なってしまう。また能力や知識に長けていても、それを子どもたちのために捧げる意欲がなければ、まったくもって役に立たない。大事なのは総合的な人間力を有し、なおかつ「信頼される教員」になるために、日々努力しているかどうかというのを忘れずに。

② コミュニケーション能力も大事！
日頃から子どものことをよく理解する努力を重ねておけば、何かしらトラブルが起きた際、解決の糸口を見出しやすくなる。

さらに 印象アップ！

中教審答申の「教員に必要な資質」を確認しておく
平成24年度の中央教育審議会答申「教職生活の全体を通じた教員の資質能力の総合的な向上政策について」には、これからの教員に求められる資質能力について、このように記してある。これらの要素を兼ね備えた教員は、「信頼される教員」になる素質を備えているといえる。

①教職に対する責任感、探求力、教職生活全体を通じて自主的に学び続ける力
②専門職としての高度な知識・技能
③総合的な人間力

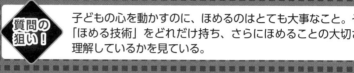

Q.16 どのようなときに、子どもたちをほめてあげたいと思いますか?

質問の狙い! 子どもの心を動かすのに、ほめるのはとても大事なこと。その「ほめる技術」をどれだけ持ち、さらにほめることの大切さを理解しているかを見ている。

その1

❌ 質問の趣旨に反している

　私は、ほめることも大事だとは思いますが、それだけでは子どもが甘えてしまい、子どものためにならないと思います。<u>ときには叱りつけることも大事だと考えています。</u>

　子どもにとって叱られることは気分がいいものではないと思いますが、<u>いつかきっと教師の思いが子どもにも伝わるはずです。</u>

❌ 自分だけ信じていることを主張している

その2 ❌ 結果至上主義になってしまう

　私は、<u>よい結果を出した子どもをほめる</u>ようにしたいと思っています。途中経過も大事ですが、やはり最後に物を言うのは結果です。私は、この結果を出すことの大切さを、ほめることで子どもに伝えられたらと考えています。

 ワンポイントアドバイス

　結果だけをほめていると、うまくできない子はずっとほめられないままになってしまう。たしかに社会に出たら求められるのは結果かもしれないが、子どもを教えるのには向かない考え方だ。

⬆ フォローアップ

発展質問	子どもを叱るのに大事なことは何ですか?
狙い	学校生活の中では叱る場面もたびたびある。その中で、正しく「叱る技術」を身につけているか、叱ることの意義を理解しているかを見る。
答え方	怒鳴るだけでは子どもは納得しない。冷静に言い聞かせることが必要である。

　私は、子どもたちをよく見て、<u>どの子もほめられたと感じる場面をつくる</u>①
ことが大事だと考えています。

　1人の子どもだけがほめられるという状況は、クラス全体のためにもよく
ないと思うので、「この子もほめられた、あの子もほめられた」というのがわ
かるように、広い場面で子どもをほめてあげたり、子どもをほめた場面を学
級通信に載せるなどして、クラスの子どもたちが「ほめられたな」「認められ
たな」と感じることができる仕組みをつくっていきたいと思います。

　また、たとえ結果が出なくても、その<u>取り組む姿勢を評価する</u>など、必ず
よい点を見つけ出すという努力もしていきたいです。
②

 本気度が伝わるステップアップ

① **ほめるだけでなく、クラスの調和にも気を配る**
　1人だけをほめていると、それがクラスの調和を乱す要因となってしま
い、いじめなどにつながるおそれがある。クラス全員の子がほめられる
状況にするために、子どもたち一人一人の動きや行動を見つめ、良い点
を見つけ出そうとする姿勢をアピールしよう。

② **少しの前進でもほめる**
　結果だけに目を向けるのではなく、頑張って取り組んだ姿勢や少しの前
進に対しても、ほめてあげるのが大事である。とくにうまくできない子
や悩んでいる子は、ほめられることが喜びにもなる。そういった子ども
たちの動きに目を向け、よい点を拾い出せるようにしよう。

さらに 印象アップ！

効果的な「ほめ言葉」をいくつも持っている
　「よくできたね」「えらいね」だけでなく、「今日はたくさんできたね」
「前よりもできてきたね」など、ほめ言葉のバリエーションを増やし
ておくことが、学級の調和や子どもたちの心を安定させると理解して
おこう。

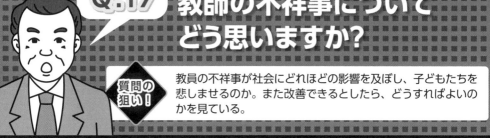

Q.17 教師の不祥事について
どう思いますか?

質問の
狙い！

教員の不祥事が社会にどれほどの影響を及ぼし、子どもたちを
悲しませるのか。また改善できるとしたら、どうすればよいの
かを見ている。

その1

❌ 考え方が自分本位

　教師の不祥事は絶対にあってはならないことです。マスコミでも報道され
るし、自分たちにも「どうせあなたたちも裏で何かやっているんだろう」と
いう目で見られるので、本当にやめてほしいです。

その2

　教員はストレスが溜まる仕事なので、痴漢や飲酒運転などの不祥事を起こ
すことについては、ある程度やむをえないと考えています。

　しかし、すべての教員がそういう人だというわけではないので、私は私な
りに、正しい教員としての道を歩もうと思っています。

❌ 教員の不祥事を他人事のように見ている

 ワンポイントアドバイス

　教員の不祥事には飲酒運転、セクハラ、痴漢、体罰、個人情報の漏洩、金銭ト
ラブルなどがある。社会や子どもたちに多大な影響を及ぼすので、他人事で済ま
せるのではなく、一人ひとりが当事者であるという意識を持っておく必要がある。

フォローアップ

発展質問　指導力不足教員について説明してください。

狙い　病気や障がい以外の理由で指導が不適切な教員を「指導力不足教
員」と呼ぶが、それをどれだけ理解しているかを問う。

答え方　指導力不足教員が学習指導・学級経営を行えない理由を具体的事
例とともに述べ、さらに「指導改善研修」「配置転換措置」「免職
措置」にも触れておくとよい。

本気度が伝わる回答例

受験者　私は、教師の不祥事はなくしていかなければならない、減らしてい
　　　　かなければならないと考えています。教師は子どもたちの見本であ
　　　　り、鏡であります。その教師が、そのようなことをしたら、地域や
　　　　保護者、そして子どもから信用を失ってしまいます。教師が信用さ
　　　　れ、尊敬できる人であり続けることが必要であり、そのためにも不
　　　　祥事はなくさなければならないものと考えています。

面接官　教員の不祥事をなくすには、どうすればいいと思いますか？

受験者　まずは、教員のストレスを軽減していくことだと思います。たとえ
　　　　ばスピード違反をしてしまうとか、そういう不祥事を起こすのは、
　　　　日々の生活に余裕がないからではと考えています。少しでも余裕を
　　　　持てるように、自分の時間にゆとりを持ち、教員が教育をしやすい
　　　　環境を整えていくことが重要だと思います。 ②

本気度が伝わるステップアップ

① 教員の不祥事が大きな影響を及ぼすことを認識する

　教員による不祥事は、マスコミの取り上げ方も一般人に比べると大きい
が、それ以上に周囲に対して多大な迷惑をかけることを念頭に置かなけ
ればならない。にもかかわらず、「教師だってほかの労働者と同じなの
に、大々的に取り上げるマスコミは間違っています」など、責任の矛先
を違う方向に向けようとする姿勢は、「責任感が足りない」という評価
につながってしまう。

② 具体事例を述べて、教員の不祥事をなくす方法を話す

　「教員の不祥事についてどう思うか」「教員の不祥事をなくすにはどうし
たらよいか」というのは、セットで聞かれることが多い。不祥事をなく
す方法については、具体的な例を盛り込みながら話していこう。

Q.18 道徳教育では どんなことを大切にしていますか?

質問の狙い! 道徳教育の重要性が叫ばれている昨今、受験者が道徳の授業に対してどのような印象を抱いているのかを確かめる質問である。

本気度 が伝わる回答例

　私は毎週の授業に加え、常日頃その子たちに伝えていく指導が最も大切だ①と考えています。いけないことをした時「いけないね。どうしたらいい?」と考える場面を設定し、「こうするといいよね」という方向を子供たち自身が納得してくれるよう指導していきたいと思います。掃除の場面、休み時間など子供たちがトラブルを起こした時は、そのことをチャンスと捉え、相手の立場や相手への配慮をした対応を伝えていきたいと考えています。②

 本気度が伝わるステップアップ

① 道徳教育の重要性を認識しておく
道徳は教科化され、多面的多角的な見方ができるように教科書を使って指導していくことになった。心情面や相手の立場に立つことの大切さも考えつつ、今活躍するいろいろな人が道徳の教科書の教材になっていることも大切な確認ポイントである。

② 子どもと一緒に考えるという姿勢
一方的に教員が教えるのではなく、その子が納得し自分でこうしていこうと考えていける指導が望ましい。「こうだったよね。じゃあ今度はどうしたらいい?」と自己認知力と非認知能力を育てていくような指導をしていくことが大事である。

さらに 印象アップ!

学習指導要領もチェック!
　学習指導要領では道徳の時間について「自己を見つめ物事を多面的多角的に考え、自己の生き方についての考えを深める学習を通して、道徳性を養うことが目標」とされている。それらに配慮をしつつ、実践を考えて面接で伝えていけるようにしよう。

Q.19 思いやりがある心を育むには
どうしたらいいですか?

質問の狙い! 人間関係づくりの基盤にもなっている「思いやり」の大切さをどれだけ認識し、どれだけ大事に考えているのかを見る質問である。

本気度が伝わる回答例 ◯

　私は、自分を大切にするのと同じくらい、まわりの人を大切にすることを子どもたちに伝えるのが、思いやりの心を育むうえで必要なことだと思います。①

　教育の中で、<u>心を育てるのが一番難しいこと</u>ですが、<u>思いやりの心はまわりの人と望ましい人間関係を築くうえで欠かせないもの</u>であり、子どもたちの将来にも絶対必要なものと考えています。

　私は、思いやりの心は友人との関わりと道徳教育の充実により、育まれていくものと思っています。そこで<u>学級内で目標を掲げ、それに向かって子どもたちとともに考え、ともに取り組み、その中で助け合い、励まし合うことで、思いやりの心が育まれるのではないか</u>と考えています。②

 本気度が伝わるステップアップ

① 思いやりの心を持つことの大切さを伝える

　人間関係の希薄化が社会問題となっているが、これは他人を思いやる心や規範意識が十分に育っていないことが一因となっている。まずは思いやりの心が、子どもたちにどんな利益をもたらすのかを面接官に伝えたい。

② 思いやりの心を育むための具体的手段を伝える

　思いやりの心を育むための模範的な指導法というのはなく、教員や家族など大人との関わり合い、そして子ども同士の関係で育っていくものである。具体的な手段も交えながら、面接官に自分の思いを伝えよう。

Q.20 小学校における英語教育にどう取り組みますか?

> **質問の狙い!** 学習指導要領の改訂にともない、小学5～6年生の外国語活動が必修になった。授業は学級担任が行うので、その理解や意欲があるかどうかを見ている。

本気度が伝わる回答例

受験者 <u>私は、国際理解を深めたり、英語によるコミュニケーション能力を①</u>
<u>小学生のうちから育むことは、とても大事だと考えています。</u>

面接官 自分が英語教育を任されたら、どんな学習をしていきますか?

受験者 英語の音声や基本的な表現に慣れ親しむために、<u>歌やクイズ、絵本の読み聞かせ</u>などで、英語でコミュニケーションをとることの楽しさや、面白さを子どもたちに伝えたいと思います。②

 本気度が伝わるステップアップ

① 英語教育について前向きにとらえる

小学校からの英語教育については、「まずは母国語である日本語の教育を大切にするべき」など、反対する人も少なくない。しかし、否定的なことを述べると面接官にマイナスな印象を与えてしまう。小学校の英語教育の必要性や意義について述べ、グローバル化に柔軟に対応できる姿勢を見せるのが大事である。

② どう指導していくのか具体例を示す

小学校での英語教育（年間35～70単位時間）に対し、どのような指導を行っていくのか。その具体的なプランを示し、英語教育に対して積極的にチャレンジしていく姿勢を見せておきたい。コミュニケーション能力の素地を養うために必要なことを述べていこう。

質問の狙い! 学校には、保護者や地域社会、さらには子どもたちからの"信頼"が必要不可欠である。この質問では、その信頼を得るための手段が問われている。

本気度が伝わる回答例

　私は、信頼される学校とは、①地域の方と密に連携が結べる学校だと思います。

　私が教育実習で赴任した先の学校では、地域の方に授業を公開していました。地域の方が学校に入って様子を見たり、意見を述べてもらうなど、交流を持つことでよりよい学校となり、信頼を得ていくのではないかと思っています。②

本気度が伝わるステップアップ

① 自分の意見をしっかりと述べる
信頼を得るための手段はいろいろあるが、まずは自分なりの考え方を述べる。このとき声がか細かったり、たどたどしかったりすると、自分の主張に説得力が足りなくなってしまうので気をつけよう。

② 信頼されるには、閉鎖体質にならないこと
学校というのは、その特異性から閉鎖体質になってしまうこともある。だが、これこそが、「信頼されない学校」の大きな特色のひとつとなっている。学校が信頼を得るには、いかに外部に対して情報を発信していくかが大事である。学級だよりやホームページなどで公開したり、地域の人たちに来校してもらうなど、そのやり方はさまざまある。どんな学校で、どんな教育を行っているのか外部の人たちに知ってもらうことが、「信頼される学校」への第一歩といえる。

Q.22 初任者の同僚とは どのように接していきますか?

質問の狙い!　同じ新人教員と、どのような人間関係を構築していくのかを問う質問。互いに助け合いながら、切磋琢磨する姿勢が見られている。

本気度◯が伝わる回答例

　同じ年に、同じ学校で教員になったわけですから、<u>困ったときは助け合いながら</u>やっていきたいと思います。また、教材研究などでは相互に切磋琢磨するなどして、<u>お互いを高め合える間柄</u>になりたいです。 ①

本気度が伝わるステップアップ

① 助け合い、高め合うことが大事

　せっかく同じ学校に初任者が2人いるのだから、「お互いを助け合い、高め合う」という姿勢を示すことが大事である。「同期とはいえライバル。助け合いは必要ないと思います」と火花を散らしたり、「ほかの教員の方たちと同じように、普通に接します」など、少し突き放したように答える人も少なくない。だが、面接官によっては、「コミュニケーション能力に問題がある」と思われてしまうので要注意だ。また、いくら仲よくするのが大事だからといって、「休日は一緒に○○してリフレッシュしたいです!」など、プライベートな内容を答えるのは的外れといえる。

さらに 印象アップ！

先輩との接し方を聞かれたら……

　教員としての技術を高めるには、尊敬できる先輩から学ぶ姿勢を持つことが大事である。質問されたときは、「(尊敬できる先輩の) 研究授業を見せてもらうときにはしっかりと学んで、1日でも早く追いつけるようにしたいです」などと答えるとよい。

Q.23 子どもが楽しく学校に通えるために必要なことは？

質問の狙い！ 子どもたちに、学校に通うことの楽しさを伝える力があるかどうかを見ている。実践的な指導能力だけでなく、明るさも必要となる。

本気度◯が伝わる回答例

その1

　私は、常に明るい教師でいることだと考えます。①教師が明るくて、笑顔を振りまいていれば、子どもたちも学校に行きたくなるのではないかと思うからです。

その2

　私は、毎日学校が楽しみだと思えるようなことが、ひとつでもあることだと考えます。「国語の授業が楽しい」「算数の授業が楽しい」「体育の授業でこんなことをする」「図工の授業でこんなことをするのが楽しみだ」「休み時間が楽しい」など、楽しみ・ワクワクをひとつでも学校に持ってこられたら、その子たちは楽しい時間を過ごせるのではないかと思います。

　②ひとつでもいいから、そういうものを学校の中に用意することができたらいいなと思っています。

 本気度が伝わるステップアップ

① 明るい話題を話す
「楽しく」というポジティブなキーワードが入っているので、明るいことを話すのが鉄則。表情明るく、さわやかに答えよう。

② 実践的な指導力も問われている
この手の質問には、言ってはいけないNGワードは、とくに存在しないが、教師として子どもたちに学校へ行くことの楽しさを伝えられるかどうか、実践的な指導能力が問われている。「自分ならこうする」という取り組みを、具体的かつ熱意を持って伝えよう。

COLUMN **8**

先輩教員の合格体験談②

最大限の努力をしたことで 達成感を感じることができました

新潟県
公立小学校教諭

合格時年齢：22歳

―教員を目指したきっかけを教えてください。

中学生の頃から、教員の仕事に興味がありました。可能性ある子どもたちを教育することは、一番未来のある仕事だと感じていました。

―面接に苦手意識はありましたか？

最初は、とても苦手でした。人と目を合わせるのが苦手で、面接官役の人の目線が刺さるように感じました。自己PRでは、自分のことをよく言いすぎているように感じ、心苦しくなることもありました。

―面接試験のために行った対策を教えてください。

対策セミナーに通ったほか、友人と面接練習をしました。さらに予想される質問とその答えをノートに書きため、いつも持ち歩いていました。こうした対策のおかげで、面接では100パーセント、自分が積み上げてきたものを発揮することができました。

―教員採用試験を通して、自分自身で成長したと感じた点は何ですか？

まわりの人たちに感謝できた点です。実技や面接のポイントを教えてくれる大学の先生、支え合える友人にも感謝し、面接官の方にも感謝しました。そして、応援してくれるすべての人たちのためにも、絶対に合格したいと思い、頑張ることができました。

「これで落ちたら悔いはない」と思える最大限の努力をすることができ、試験終了後に達成感を感じることができました。以前はあきらめが早く、苦手なことから逃げがちでしたが、教員採用試験を通して少し強くなることができました。

―これから教員採用試験を受ける人たちに、励ましのメッセージをお願いします。

まわりに感謝し、励まし合い、力を発揮し、教員となることができますよう、応援しております。

Chapter 8
個人面接＆集団面接
頻出質問への
ベスト回答
― 対応力編 ―

教職に就くと、いじめや不登校など、さまざまな問題に対処しな
ければなりません。面接でも「授業中に席を立つ子どもに対し、
どう対応すべきか」といった質問も出てくるので、うまく対応でき
るようにしておきましょう。

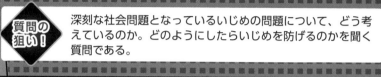

Q.24 いじめについて どう思いますか?

質問の狙い! 深刻な社会問題となっているいじめの問題について、どう考えているのか。どのようにしたらいじめを防げるのかを聞く質問である。

ダメな回答例

　私は、いじめはいじめられる側にもそれ相応の原因があるのではないかと考えています。そのため、あまり大騒ぎするのではなく、子ども同士で解決するのが大事だと思っています。子どもが成長する過程でいじめは多かれ少なかれ起こりうるものであって、問題を克服することで、「生きる力」を育むことができると思います。

 積極的に自ら解決に乗り出しいじめをなくす努力が見られない

❌ 教員として自らが関わらない意思を表明しており、無責任な回答

 ワンポイントアドバイス

　「いじめられる側にも責任がある」と述べる人は、基本的に心が冷たいし、責任転嫁してしまっている。いじめが今、急を要する教育課題であり、どの学級でも起こりうる問題だということを認識しなければならない。

⬆ フォローアップ

発展質問 「命」を大切にする指導を、どのように行いたいですか?

狙い 子どもに対し、命の大切さを教えることはとても大事なこと。それをどう子どもたちに伝えるのかについて聞いている。

答え方 自分はかけがえのない存在で、家族や友だちは常に自分のことを考えていてくれること、まわりに辛い思いをしている人がいたら、手を差し伸べることを子どもたちに説くことが大事である。

本気度が伝わる回答例

　いじめについて、<u>私は絶対に許せないことだと考えます。</u>①　いじめられたために学校へ行けなくなった、社会へ復帰できなくなった、<u>そのような人たちをたくさん見てきました。</u>そういう人たちを見ていると、どんな理由があっても許してはいけない。どんな状況でも教師が止めなくてはいけない。子どもたちにやめさせなければいけない。そう強く思っています。

　いじめが起こらないようにするには、日々子どもたちをよく見て、子どもたちの中にその芽があれば、摘んでいく努力を怠らないことが、教師として重要だと考えています。②

 本気度が伝わるステップアップ

① いじめを許さない毅然とした態度を示す

面接官は、受験者がいじめについてどう認識しているのかを見ている。まずはいじめが許されないものであるという姿勢を、面接官に対してはっきりと示すことが大事である。

② 具体的なエピソードは自分以外のものがよい

たとえば、自分がいじめに遭って不登校になったが、そこから周囲の助けを借りて今日に至った話をしてもよい。だが、面接官の中には、それがよい話でもマイナスな印象を抱く場合もあるので、なるべくほかの人のエピソードを話すようにしよう（もちろん、エピソードを捏造するのはNG）。

さらに 印象アップ！

　文部科学省では、いじめ問題への対応を強化するため、以下の4つのアクションプランを示している。また、近年はネット上のいじめに関する対応も必要とされているので確認しよう。

1. 学校・家庭・地域が一丸となって子どもの生命を守る
2. 学校・教育委員会などとの連携を強化する
3. いじめの早期発見と適切な対応を促進する
4. 学校と関係機関の連携を促進する

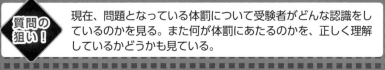

Q.25　教員の体罰をなくすためにはどうすればよいですか?

質問の狙い！　現在、問題となっている体罰について受験者がどんな認識をしているのかを見る。また何が体罰にあたるのかを、正しく理解しているかどうかも見ている。

ダメ✕な回答例

❌ 暗に体罰を認めている

　私は、現在の教育は全体的に甘いと思っています。子どもを厳しく叱ったり、怒る人が減っていますが、これが子どもたちをダメにしているのではないでしょうか。

　体罰が起きると学校も社会もセンセーショナルに騒ぎ立てます。しかし、保護者の中には「厳しく指導してください」とおっしゃる方がいることも、忘れてはいけないことだと思います。

❌ 体罰がなぜ許されないのかを理解していない

 ワンポイントアドバイス

　体罰を容認する意見を述べるのは問題外。「社会が甘いから」という理由で、法律的にも許されていない体罰を認めていいものではない。それよりも、「どうすれば体罰をしないで子どもにわかってもらえるか」を考えることのほうが、ずっと大事である。

 フォローアップ

発展質問　社会の教員批判についてどう思いますか?

狙い　教員は一般の社会人以上に社会常識の高さを期待されており、それだけに期待に外れる教員がいると、社会から手厳しい批判を受けることを認識しているか。また、そのような批判を真摯に受け止めることができるかどうかが見られている。

答え方　社会からの批判や指摘を真摯に受け止め、改善していこうとする意欲や責任感があることをアピールしよう。

本気度が伝わる回答例

受験者 私は、<u>いかなる理由があろうと、体罰は許されるものではないと考えています。</u>体罰は学校教育法でも禁止されていますが、それ以上に子どもとの信頼関係が損なわれ、子どもたちの心に深い傷を残してしまいます。よく体罰をすることで『精神が鍛えられる』と言われますが、<u>私は、体罰には教育上の効果はまったくないものと考えています。</u>

面接官 体罰を起こさないようにするには、どんな心がけが必要だと思いますか？

受験者 教員一人ひとり教育の原点に立ち、"指導"という名のもとに暴力行為を働くことは、指導力のなさを露呈していることであるのを認識しておく必要があると考えています。自分が学級担任になったときには、感情的になる前に呼吸を整え、冷静に子どもを叱るようにしていきたいと思います。

 本気度が伝わるステップアップ

① 体罰は絶対に許されないという認識を述べる
いじめ同様、体罰はやってはいけない、という姿勢を示すことが大事である。

② 体罰が何であるかを把握しておく
殴る、蹴るといった暴力行為はもちろん、正座や直立など特定の姿勢を長時間強要したり、用便に行かせないことなども体罰にあたる。何が体罰なのかを押さえ、体罰が許されない理由を述べておこう。

さらに 印象アップ！

体罰が法律で禁止されていることを知っておく

　体罰の禁止は、学校教育法第11条で下記のように禁じられている。法律で禁止されている行為だ、ということを、前もって認識しておこう。

学校教育法 第11条
「校長及び教員は、教育上必要があると認めるときは、文部科学大臣の定めるところにより、児童、生徒及び学生に懲戒を加えることができる。ただし、体罰を加えることはできない」

Q.26 保護者からの苦情の電話には どう対処しますか?

質問の狙い! 保護者からの苦情に、どう対応するのか。受験者の対応力と傾聴力が見られている。

ダメ✕な回答例

❌ 保護者の苦情をそのまま受け入れてしまっている

その1

　保護者を怒らせるとトラブルになってしまうので、電話口で「私の指導力が足りないばかりに、ご迷惑をおかけしてしまい、大変申し訳ありませんでした」と謝罪します。その後は校長先生や教頭先生に一任したいと思います。

❌ 無責任な印象を受ける

その2

　近頃はモンスターペアレントが問題になっており、我が子かわいさに学校へ文句を言ってくるのは言語道断だと思います。そのような電話が来たときも、なるべく毅然とした姿勢で対応しようと考えています。

❌ 考えが一方的すぎる

ワンポイントアドバイス

　最近では「モンスターペアレント」という言葉がひとり歩きし、保護者からの苦情はすべて自己中心的かつ理不尽と思われている節がある。しかし、なかには本気で子どもを心配して、電話をかけてくる保護者もいる。まずは保護者が何を訴えたいのか、話を聞くことが大事である。

フォローアップ

発展質問 PTAとはどんな団体ですか?

狙い PTAの目的や性格について、正しく認識しているかどうかを問う質問。

答え方 学校に在籍する児童・生徒の保護者および教員によって組織された会です。児童・生徒の健全な育成や教育環境の整備、教育効果の向上などを目的としています。

本気度が伝わる回答例

　まずはその場で、「伝えていただきありがとうございます」と述べ、その後①に「もしよろしければ、詳しくお聞きしたいので、すぐにでもお会いすることはできますでしょうか。それが難しければ、電話口でかまいませんので、もう少し詳しく教えていただけないでしょうか」と伝えます。②

 ## 本気度が伝わるステップアップ

① まずは感謝の意を述べる

　最初に謝ってしまうと、保護者によって変に解釈される場合がある。また保護者の要求を暗に認めたことになり、そのまま保護者の要求をすぐに受け入れるのは、結果的には担任としての信頼を失うことになる。まずは保護者が伝えてくれたということに感謝の意を述べ、それから保護者の話に耳を傾けるようにしよう。

② 話を聞き、誠実に対応する姿勢を示す

　保護者からの苦情は、最初の対応を間違えると、問題がこじれるおそれがある。まずは保護者の話を聞き、指導について見直す点があれば改善に努める姿勢を示すようにする。また、話を聞くだけでなく、学級の取り組みをていねいに伝えることも大切である。対処しきれない場合は、管理職の先生にすぐに相談をすること。何もかも1人で抱え込んでしまうと、解決できるものも解決できなくなってしまう。

さらに 印象アップ！

「苦情＝悪」という印象を払拭する

　保護者からのクレームや苦情も、内容によっては保護者と望ましい信頼関係が築かれたり、教育活動のさらなる前進につながることがある。一般企業でも、クレームを顧客づくりや新しいアイデア創出のチャンスととらえるところが多い。そのため、保護者からのクレームや苦情を面倒と思わず、新たな課題解決の好機と考え、前向きに対応するようにしよう。

Q.27 クラスでなかなか席につかない子がいます。どう対処すればよいですか?

質問の狙い！ 発達障害（LD、ADHD、高機能自閉症）について、どれだけ認識があるのかを問う質問のひとつ。適切な指導や対策が述べられるとよい。

ダメな回答例

❌ 子どもに対する理解が不足している

その1

　私は、授業中に席を離れることは絶対によくないことを、子どもたちに伝える努力をしたいと考えています。

　席を離れる子どもがいたら、その場で厳しく注意し、学級会でも取り上げたいと思っています。

その2

　授業中に席を離れてしまうのは、ADHD（注意多動性障害）の兆候のひとつなので、ある程度やむをえないことだと思います。

❌ 質問に対する答えになっていない

☝ ワンポイントアドバイス

　このような質問に対し、「排除」や「放任」の姿勢を示した回答をするのはNGだ。席を離れる子どもへの対応もさることながら、発達障害に対する認識も問われているからだ。対処を間違えると子どもがパニック（暴発）を起こしたり、また教室を飛び出して何らかの事故に遭う可能性もあるので、適切な指導を心がけることが大事である。

⬆ フォローアップ

発展質問 授業中に、騒いでいる子どもがいたらどう対処しますか？

狙い ルールを守らない子どもに対し、教師としてどのような対応ができるのかを見る。

答え方 校種（小学校、中学校など）によって対応は異なるが、まずは何で騒いでいるのかを確かめる必要がある。

本気度が伝わる回答例

その子には「動きたい」という欲求があるので、その子自身も含めた形で、①
<u>クラス全体が動いて活動する場面を、授業の中で意図的に作っていきたいと</u>
思います。

　例えば、「問題ができたら持ってらっしゃい」という指示を出して、暗にその子に座って書くよう促します。そして他の子が来て「1番！」「2番！」となって、その子にも「（1番2番と）やりたい！」と思わせるようにします。そして、その子がやってきたら「よくできたね」とほめてあげます。

　また、クラス全体が正常に授業に参加していることが重要と考えているので、その子が席を立って授業になかなか戻らなくても、他の子に影響を及ぼさないように授業を進めていきたいと考えています。そして全体を優先しながらも、その子に対しては「戻ってこようよ」「（座ると）こういうのができるよ」と優しく諭していく。<u>これを続けていくことが大事なのではないかと</u>
思っています。②

 本気度が伝わるステップアップ

① 頭ごなしな対応はしない

授業中に席を離れる子どもへの対応には、きちんと座っていたらほめてあげたり、その子の近くで授業を行うなど、いくつかの手段がある。またこうした子どもは立ったり座ったりしたいのだから、授業の中にそういった要素を取り入れるなど、工夫を施しながら対応していくとよい。「授業中に席を離れるのは、よくないことだからダメ！」と頭ごなしに言うのは、決して間違ってはいない。しかし、それでは根本的な解決に至らないことは理解しておこう。

② 指導は根気づよく続けていく

子どもの発達障害の改善は、一朝一夕でできるものではない。保護者と連携を深めつつ、時間をかけて改善させていこう。

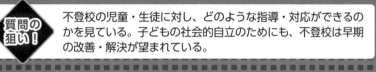

Q.28 不登校の子どもへの対応方法を教えてください

質問の狙い！ 不登校の児童・生徒に対し、どのような指導・対応ができるのかを見ている。子どもの社会的自立のためにも、不登校は早期の改善・解決が望まれている。

❌ 待つだけでは改善・解決につながらない

その1

登校したくない児童・生徒を無理に登校させるのは、精神的に追い詰めてしまいます。私は、<u>登校意欲が湧いてくるまで待ってあげたほうがよいのではないか</u>と考えています。

その2

私は、不登校は自分のわがままが主たる原因ではないかと考えています。ですので、<u>学校に通うようになるまで毎日家庭訪問を行い、登校を呼びかけるようにします。</u>

❌ 保護者や児童・生徒への配慮が感じられない

👉 ワンポイントアドバイス

以前は「登校刺激を与えてはいけない」という方針だったが、それでは永遠に学校に来なくなると、今は登校刺激を与える方針へと見直されている。そのため、登校の意欲が湧いてくるのを待つのではなく、こちらから適切なやり方で、登校するきっかけをつくる必要がある。

フォローアップ

発展質問　不登校の要因には、どのようなものが考えられますか？

狙い　不登校の原因について、どれだけ把握しているのかを問う。

答え方　不登校の要因はさまざまあるが、学校生活に起因したもの（友人関係、教師との関係、クラブ活動や部活動への不適応など）と、本人の問題（病気、無気力、朝起きると腹痛になるなど）によるものが多い。

本気度が伝わる回答例

　私は、まずその子が登校したときに、「教室は楽しい」「クラスは楽しい」と思えるような活動を休み時間に仕組んだり、授業の中でも体現したりして、その子が「学校に来るのは楽しい」と思えるようなクラスをつくっていきたいと考えています。①

　ほかの子たちからも声をかけてあげるようにして、「どうしたの？」と聞くのではなくて、自然に接してあげるのが大事なことを、教えてあげたいと思っています。

　場合によっては、保護者や教職員に協力を求めて、自分だけではなく、学校や保護者とともに、その子のために解決にあたっていきたいと思います。「皆、あなたのことを考えていて、学校に来てほしいと思っているんだよ」というメッセージを送り続けられるような、指導を行っていきたいです。②

本気度が伝わるステップアップ

① 不登校の子どもに "居場所" を与える
不登校になってしまう要因のひとつに、「学校に居場所がない」という理由がある。もちろん、教室をその子の居場所にするための努力が必要ではあるが、まずは図書館や保健室などに居場所が確保できる体制をとっていく。

② 保護者などと連携しながら改善に取り組む
不登校の問題を1人で解決しようとするのは、とても難しい。保護者や同僚教師の協力を仰ぎながら、チームで解決するようにしよう。

さらに 印象アップ！

不登校の定義を押さえておく
　そもそも不登校とは「何らかの心理的、情緒的、身体的、あるいは社会的要因・背景により、児童・生徒が登校しない、あるいはしたくてもできない状況にあること（ただし、病気や経済的な理由によるものは除く）」を指し、年間30日以上を欠席した児童・生徒が該当する。

**Q.29 学力差がある学級では
どんな指導法が効果的ですか?**

質問の狙い! どの学級にも学力差は存在し、授業を進める際の課題となることが多い。学力差に応じた具体的な指導方法ができるかどうかが問われている。

その1

　私は、小学校でも教科ごとに教員が教える「教科担任制」を取り入れることで、より質が高い授業を行うことができ、学力が向上していくと思います。

❌ 質問の趣旨を理解していない回答

その2

　学習意欲が乏しい原因は、家庭環境にあると思います。そういった子どもたちには家庭学習を充実させる方法を教えてあげたいと思います。

❌ 授業における指導の具体策が示されていない

👆 ワンポイントアドバイス

　新年度の学級を決める際、学力や体力などが平均になるよう配慮するが、だからといってすべての子たちの学力が均一になるのは不可能である。その点を踏まえ、どう指導していくかを考えていこう。

⬆ フォローアップ

発展質問 学習意欲がない子どもに対しては、どんな指導の仕方が有効だと思いますか?

狙い なぜ学習意欲がないのか、意欲を湧かせるにはどうしたらいいのかが見られている。

答え方 学習意欲がない子どもは、学び方がわからないからやる気が出ないというケースが多い。まずは子どもから勉強が嫌いな要因をヒアリングし、それから一斉指導の中に個別指導を取り入れたり、子どもが前進したときには成長を認め、励ましの声をかけてあげるとよい。

本気度が伝わる回答例

　私は、2つの指導が大切なのではないかと思います。

　ひとつは、<u>できる子も満足し、できない子もそれなりに「自分がやった」</u>①
<u>と充実した思いを与えられる授業をすること</u>です。できる子は、解けた問題
を持ってきてもらい、それを黒板に書く。勉強が苦手な子はそれを参考にし
て書くなどして、どの子も「学んでいる」状態をつくっていきます。

　2つ目は、<u>速くできた子には、次の発展的な課題をやってもらい、できない</u>
<u>子には、その子に教師が寄り添って教えてあげます。</u>こうした「できる子も
できない子も満足できる状況」を、常に心がけていきたいと思っています。②

 本気度が伝わるステップアップ ➤

① 個に応じた指導の工夫を述べる
画一的な授業形態では、学習が遅れがちな子どもはますます取り残され
てしまう。できる子には発展的な学習、できない子には補充的な学習を
取り入れるなど、教師の創意工夫を示し、子どもたち一人ひとりに教え
ようとする姿勢を面接官にアピールしよう。

② 学力が低い子どもに手を差し伸べる
学級内の学力差を均一化させるのは難しいが、「わかる授業」を行うこ
とで、学力差をこれ以上広げない努力はできる。学力が低い子どもには、
一斉授業の際に個別指導をしてあげたり、通常の授業時間外に特別な学
習指導の場を設け、そこで基礎的なことを身につけさせるとよい。階段
を一段ずつ登る姿を見守り、励ますことで、子どもたちの学習に対する
意欲や自信も芽生えてくるはずだ。

さらに 印象アップ！
目標を持った学習計画を作成する
　学習意欲がない子どもでも、目標を持たせることで学習への意欲や
関心が高まる場合がある。そうした目標の持たせ方などについて述べ
てもよい。

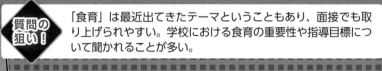

Q.30 食育の大切さを伝えるには
どんな実践が考えられますか?

質問の
狙い! 「食育」は最近出てきたテーマということもあり、面接でも取り上げられやすい。学校における食育の重要性や指導目標について聞かれることが多い。

❌ 食育ではなく食の安全に関する話をしている

　これまで、日本は食に関しては安全といわれてきましたが、最近では産地偽装など、その安全性を揺るがす問題が頻出しています。

　私は、子どものうちから安全な食料の確保について、しっかり学んでおく必要があるのではないかと考えています。

☞ ワンポイントアドバイス

　一言で「食育」といってもその幅はとても広く、上記の回答も食育とまったく無関係というわけではない。しかし、子どもたちに教える食育は「子どものうちから規則正しい生活習慣を確立するためには、日々の食事について考えていくことが大事」ということなので、ピントがズレていると言わざるをえない。

⬆ フォローアップ

発展質問 学校給食について、どのように考えていますか?

狙い 学校給食は単に栄養を補給するだけでなく、食事の仕方を学んだり、コミュニケーションをはかる場でもある。普段、給食についてどのように認識しているかが問われている。

答え方 給食に関する基本理念を述べるだけでは、回答にオリジナリティーがない。教育実習や子どものときの経験を通して知った、学校給食の大切さを語るとよい。

本気度が伝わる回答例

①

　私は、<u>インドに行ったことがありますが、インドには１日に１食しか食べられない貧しい人がたくさんいます。</u>世界には、そういう日々の生活にも困っている子どもたちがいるなかで、給食を残していいのだろうか。そんななかで、自分たちが何でも好き勝手に食べる、残せるという状況がいいのだろうか、と感じました。

　こうした経験を基に、私は子どもたちに「地域の人、農家の人、いろいろな人のおかげで、給食や食事が成り立っている」ということを伝えていきたいと思っています。

 本気度が伝わるステップアップ

① 自分の経験談から「食」に関する思いを伝える

　自分が体験したことを基に、「食の大切さ」や「自分はこういう食育をやりたい」というのを伝えたほうがよい。単に一般論や理想論だけを述べているだけだと、「よいことを言おうとしているだけ」という印象を受けてしまう。最近では、子どもの食物アレルギーに関する問題もあるので、その対策や配慮についても述べてみよう。

さらに 印象アップ！

食育基本法の制定についても覚えておく

　食育の法的な裏づけとして挙げられるのが、平成17年に制定された「食育基本法」である。それまでも食に関する教育は行われてきたが、この法律が定められたことで、食育への取り組みがこれまで以上に求められるようになった。

　法律文をすべて暗記する必要はないが、一度は目を通しておくとよい。

食育基本法 第11条（一部略）
「教育に関する職務に従事する者並びに関係機関・団体は、あらゆる機会とあらゆる場所を利用して、積極的に食育を推進するよう努めるとともに、他の者の行う食育の推進に関する活動に協力するよう努めるものとする」

 Q.31 学級崩壊したクラスの担任になったらどうしますか?

質問の狙い! 学級崩壊は、ベテラン教師が担任をしていても起こりうる難しい問題である。それに対して、どういった対応が取れるのかをチェックしている。

その1

❌ 問題の根本的解決になっていない

再び学級崩壊が起こらないように、<u>子どもの中に入って一緒に遊び、触れ合うことで、学級集団をまとめていきたい</u>と思います。

その2

❌ 学級崩壊という問題から目を背けている

私は、<u>すでに学級崩壊を起こしたクラスの担任になるのは、あまり本意とは言えません。</u>そもそも学級崩壊が起きたのは学校の責任でもあるので、校長・教頭先生といった管理職クラス、あるいは学年主任の先生などが暫定的に担任となり、学級崩壊が落ち着いてから担任として頑張っていきたいと思います。

☝ ワンポイントアドバイス

信頼感・安心感の不足、授業内容や学級経営に対する不満など、学級崩壊が起きる要因はさまざまあるが、なかでも多いのが、教員と子どもたちとの間のコミュニケーション不足である。とはいえ、子どもに寄り添いすぎる態度で接していると、子どもが先生に対して尊敬の念を抱かなくなり、再び学級崩壊に陥ってしまいかねないので要注意だ。

⬆ フォローアップ

発展質問 暴力を振るう子どもには、どのように対応しますか?

狙い 最近は教員に対して暴力を振るう児童・生徒の問題もクローズアップされており、教育現場でもその適切な解決策を模索している。

答え方 まずは暴力を止めさせ、理由によっては我慢することの大切さも伝える。さらにヒアリングなどを通じて、暴力を起こす背景について検証していく。

本気度が伝わる回答例

その1

　私は、学級崩壊したクラスの担任になったら、まず子どもたちにこう伝えます。

　「先生は、このクラスを絶対によくします。去年つらい思いをした子もいるし、つらい思いをした友だちもたくさんいるかもしれません。そういう思いをしないようなクラスを先生がつくっていく。でも、それは先生だけではできません。あなたたちにもしっかりと頑張ってもらって、やるべきことをやって、全員が『このクラスでよかった』と思える学級をつくっていきたいと考えています」

　そして、「一緒にクラスをよくしていこうと誓える人は手を挙げなさい。誓えない人は立ちなさい。そんな人はこのクラスに必要ありません。全員でそれを誓って、そこからスタートするんです。ともに頑張っていきましょう」と話し、こちらの決意を子どもたちに示したいと思っています。

その2

　私は、まず子どもたちに対してルールを明確に示し、それを破ったら叱る。しっかりと守れていたら、その子を認め、ほめてあげるというやり方を、徹底して指導していきたいと思っています。

　ルールが守れない子でも、「これは許してあげよう」という部分をつくり、どの子も認められるクラスをつくっていけたらと思います。

本気度が伝わるステップアップ

① 毅然とした姿勢を示す

　自分が教師になって教壇に立ったときから、すべての責任を自分で負わなければならない。そのため、責任感を持って答えることが大事である。

② 「ルールを守ること」の大切さを説く

　「頑張った子は認められるけど、ルールが守れない子は叱られる」ということを、繰り返し何度も子どもたちに説き、実践していくようにする。学級崩壊はどのクラスでも起こりうる問題なので、早めの対応を心がけたい。

Q.32 特別支援が必要な子どもにはどんな対応をしますか？

質問の狙い！ 特別支援教育について、どれだけ認識があるのか、また実際に指導に携わるときには、どのように進めていくのか、その姿勢が見られている。

❌ 特別支援教育の理念が理解できていない

　私は、障害がある子もそうでない子も、子どものうちは同じ場所で学び、生活することが必要なのではないかと思います。そのうえで、同じような活動ができるように支援していきたいと考えています。

👆 ワンポイントアドバイス

　この質問では、特別支援教育の理念や内容を理解していることが問われている。平成19年度からの学校教育法の改正にともない、障害の程度などに応じて特別な場で行う「特殊教育」から、障害のある幼児・児童・生徒それぞれの教育ニーズに応じて適切な教育を行う「特別支援教育」への転換が図られるようになった。「特別支援教育とはどんな教育か」と質問されることもあるので、しっかりと理解しておく必要がある。

⬆ フォローアップ

発展質問 特別支援学級に配属されてもかまいませんか？

狙い ここでは特別支援学級・学校に配属されることを前提としているわけではなく、どれくらいの熱意を持っているかどうかを試している。

答え方 ここでは「教師として教壇に立ちたいと考えてきたので、普通学級でも特別支援学級でも、採用されたところで努力しようと思っています」と、教師になりたい旨を伝えておこう。

本気度が伝わる回答例

受験者　特別支援が必要な子の多くは、自信がない子、うまくいろんなことができてこなかった子、そういう積み重ねのある子だと思います。ですので、勉強でできたという場面をつくっていくことが大事だと考えています。たとえば、1文字でも書けたらほめてあげたり、1回でも発言したら認めてあげるなど、そういったことを繰り返しながら、できていく場面を設定していく。これが特別支援を受ける子を育てていくうえで、大事なのではないかと思っています。

面接官　では、特別支援についてどう向き合っていきますか？

受験者　私は、ほかの教職員や保護者と連携しながら対応していくのがよいと思います。ご家庭の中には、お子さんに対して否定的な印象を抱き、ダメ出ししてしまうところも少なくありません。子どもたちが少しでも認められる場面をつくり、それを連絡帳などに記し、『お母さんもぜひほめてあげてください』と書いて、家庭でもほめられる場面をつくっていきたいと考えています。そしてこの『ほめるサイクル』をほかの教職員とも共有し、たくさんの人からほめられる環境をつくり続けていきたいと思っています。

①

②

本気度が伝わるステップアップ

① 障害を理解し、指導に携わる姿勢を明確に示す
まずは、なぜ、その子が特別支援教育を必要としているのか、それについて正しく理解しておく。さらに子どもを成長させるために、どんな指導が必要なのかを、具体案を持って示すとよい。

② ほかの教職員や保護者と連携して対応する
特別支援が必要な子の教育は、今ではすべての教職員が協力してあたることになっている。1人だけで行うのではなく、まわりの協力を得る大切さもアピールしておくとよい。

Q.33 集団の力を育てるために必要なことは?

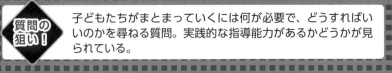

質問の狙い! 子どもたちがまとまっていくには何が必要で、どうすればいいのかを尋ねる質問。実践的な指導能力があるかどうかが見られている。

本気度 が伝わる回答例 ①

私が教育実習で赴任した先の学級では、学級内に「会社の活動」を取り入れていました。

子どもたちの中から"社長"を任命し、そして"社員"がいて、ほかの子たちも楽しめるような創造的・前向きな活動を行っていました。私がいたときは「おみくじ会社」が設立されており、子どもたちがおみくじを引いて楽しんでいました。

そういった創意工夫ができる活動を取り入れることで、学級の集団の力を伸ばしていきたいと思っています。

 本気度が伝わるステップアップ

① 集団をまとめるための具体的な成功事例を述べる

集団の力をつけるため、実際に体験した成功事例を交えながら話すのが大事である。学生の場合、子どもと接する機会はそんなに多くはない。なかには教育実習で初めて子どもたちと触れ合うという受験者もいる。しかし、教師は子どもを育てるプロである。ボランティアやイベントなどで子どもたちと触れ合い、経験を積み重ね、そこから得た成功事例を話すようにしよう。

さらに 印象アップ!

イベントでチームワークを高める

中学生以上になると、文化祭や球技大会などのイベントで集団の力が育まれていく。表向きは生徒に任せる態度を取りつつ、困ったときは悩みを聞いてあげたり、アドバイスするなどして、生徒たちを支える姿勢をアピールしよう。

Q.34 子どもに学力をつける授業とはどんなものですか?

質問の狙い! この質問は幅が広いので、自分である程度限定したほうがよい。具体的な場面・時間で限定し、自分が思う「学力がつく授業」に答えていこう。

本気度が伝わる回答例

①

その1

　私が授業の中で「子どもに力をつけられる」と感じるのは、子どもたち一人ひとりがノートを持ってきて、そのノートの正解したところに○をつけられるとき。また、間違った場合に、その間違いを修正できたときに、子どもたちに力がついたことを実感します。

その2

　私は、子どもたちに力をつけさせる授業とは、たとえば、小学校の低学年であれば、クラス全体のテストの平均点が90点以上になったとき、一番できない子でも7~8割できたときです。こうした状況をつくることが、子どもたちに力をつけさせる目安になると思います。そのために、日々の授業の中で1回は、子どもたちのノートを確認できる機会をつくっていきたいと思います。

 本気度が伝わるステップアップ

① **具体的な場面や時間のシーンで切り取る**

　「ノートを持ってこさせる」「クラス全体のテストの平均点が90点以上」など、具体的な場面や時間を絞ったほうが、面接官にも自分が伝えたいことが伝わりやすくなる。

さらに 印象アップ!

「レベルが高い授業」について日々考える

　教員は日々研鑽を重ねるのが大事であり、授業でも常に見直しと改善が求められている。体験学習やディベートなど、多様な学習形態を導入して子どもたちの力を伸ばすことをアピールしよう。

8

個人面接&集団面接　頻出質問へのベスト回答 ― 対応力編 ―

■ 155 ■

 Q.35 保護者との関係づくりで大切にしたいことは？

質問の狙い！ 学校・家庭間の理解や協力は、教育の成果を高めるために必要なことだが、それをどれだけ理解しているのかを確かめるのが、この質問の狙いである。

本気度が伝わる回答例

受験者　保護者と同じ目線に立って、支援・指導していくことだと考えます。とくに勉強が苦手だったり、特別支援が必要な子どもであれば、<u>保護者の方と連携を取っていくことが大事だと思います。</u> ①

面接官　ほかの保護者とは、どのように連携をはかり、教育活動を進めていきますか？

受験者　<u>学級経営方針を明確に示し、その取り組みを保護者に伝えて理解を得ます。</u>また、保護者に協力を依頼するときは、その目的を明確にして、保護者会、学級だより、連絡帳を活用して伝えます。 ②

 本気度が伝わるステップアップ

① 「保護者の話を聞く」だけで終わらせない
面接官からこの質問をされると、ほとんどの人が「保護者の話に耳を傾ける」と答える。たしかにそれも大事だが、実際に話を聞く機会はそれほどない。あらかじめ、「よく話を聞く」以外の自分の考えをつくっておくことが大事である。また、保護者との連携を深めるのは大切なことだが、教育を進める主体はあくまで学校にある。すべて保護者に確認すればよいというわけではないことを認識しておこう。

② 学級の取り組みを伝える
一つひとつ細かいことまで保護者に伝える必要はないが、学級経営をどのように進めていくかなど、方針や目的は伝えておくに越したことはない。

Q.36 不審者の侵入を防ぐには どんな対応が必要だと思いますか?

質問の狙い！ 学校では、子どもの安全確保はもっとも優先すべき事項である。この質問では、学校に不審者が来るのを防ぐための安全意識が見られている。

本気度○が伝わる回答例

受験者　私は、来校された方のために受付を設置し、そこで来校者用ノートを用意し、来校時間や名前、来校目的、面談相手などを記入してもらうこと。そして、教職員が当番制で校舎内外を見まわるパトロールが必要だと思います。校舎の中に気軽に入れないシステムをつくることで、不審者が近寄りづらくなるのではないかと考えています。①

面接官　それでも不審者が侵入してきたときは、どう対処しますか？

受験者　ほかの教職員の協力を得て、複数で学校から退去してもらうよう説得します。それでも応じなければ、警察に連絡します。また、日頃から危機管理マニュアルなどを確認し、いつ不審者が来ても対応できるよう、準備を整えておきたいと思っています。②

 本気度が伝わるステップアップ

① 学校の安全管理体制について調べておく

多くの学校で危機管理マニュアルが策定されているが、学校がどのような安全管理体制をとっているのかを、事前に研究しておくとよい。ちなみに不審者の侵入対策には、避難訓練や警察の指導のもと相手の動きを封じる道具の「さすまた」を使った訓練などがある。

② 「子どもたちを守る」という姿勢を示す

学校は、もっとも安全な場所でなくてはならない。そのため、面接官に対し、子どもを守るという姿勢を示すとよい。

8

個人面接＆集団面接　頻出質問へのベスト回答 ― 対応力編 ―

Q.37 個人情報の管理で気をつけることは何ですか？

質問の狙い！ 個人情報の保護が叫ばれる昨今、情報の管理は重要性が高まっている。その点についてどれだけ認識し、情報管理についてどれだけ知識があるのかを確認する。

本気度◯が伝わる回答例

受験者 私は、個人情報は学校の外に持ち出さないようにすべきだと考えています。①<u>学校で管理している子どもの情報は、ほかの人に漏らしてはいけないものです。</u>USBメモリなどに記録して校外に持ち出すと、紛失の危険があるので、日頃から外に持ち出さない習慣をつけるようにします。

面接官 個人情報が漏れると、どんな被害が出ると考えていますか？②

受験者 たとえば、②<u>子どものテストの成績が外部に漏れると、それだけで子どもは傷つくと思います。</u>最悪の場合、その情報がインターネットの掲示板などにさらされ、実被害を受けるおそれもあります。

本気度が伝わるステップアップ ↗

① 個人情報の重要性を認識しておく

個人情報とは、子どもの名前、住所、電話番号、成績、保護者の職業、身体データなどのこと。最近では、こうした個人情報が高値でやり取りされることも。

② 個人情報が流失したときの被害を想定する

個人情報が流失したときの状況を想定せず、平気で校外に持ち出す教員がいる。だが、個人情報の流失は、子どもの安全にも関わることを認識しておく必要がある。個人情報を学校の外に持ち出さないことはもちろん、流失時にどのような被害が生じるのかも具体的に述べていこう。

Q.38 ケンカを止めさせるにはどうしたらいいですか?

質問の狙い! とくに小学校では、子ども同士のケンカというのは日常茶飯事である。それにどう処し、仲直りさせるのかが問われている。

本気度○が伝わる回答例

　私は、子どもたちがケンカを起こしたときは、まずは<u>子どもたちを座らせ、少し落ち着かせます。次に、子どもたちの言い分を聞きます</u>。このとき、両方の話を聞いていると、またケンカを起こすかもしれないので、1人ずつ意見を聞くようにします。

　そして、ケンカをしたこと自体はどちらも悪いということを伝え、「お互いにごめんなさいをしなさい」と仲直りさせます。起きてしまったものは仕方ないので、<u>後腐れがないようにする指導を心がけたい</u>と思っています。

①

②

 本気度が伝わるステップアップ

① ケンカを止める方針を具体的に述べる

ケンカを止めるための具体的な方針を述べる。子どもたちは頭に血が上った状態なので、まずは落ち着かせることが大切だ。そしてケンカが再発しないよう気を配りながら、双方の話を聞く。子どもの声に耳を傾けることが、何よりも大切である。このとき、「どちらが悪いにせよ、ケンカを起こしたことについては両方悪い」ということを伝えているが、こうした指導の繰り返しで、ケンカはなくなっていくことも覚えておこう。

② 「なぜその方法で止めるのか」という根拠も示す

具体的な方針を述べたあと、なぜその方法を選んだのか、その理由まで述べるとよい。

COLUMN **9**

先輩教員の合格体験談③

教員採用試験はどのように 生きていくかを発表する場

埼玉県
特別支援学校教諭

合格時年齢：29歳

―教員を目指したきっかけを教えてください。

　特別支援学校のボランティアに入った際、先生方が一人ひとりの子どもにきめ細かな指導を通して、見てわかる・聞いてわかる授業を行っていました。私も障がいを持った子どもたちにわかりやすい授業を行い、少しでも勉強の楽しさを教えたいと考え、特別支援学校教員を目指しました。

―面接対策では、どんなことを行いましたか？

　私は面接への苦手意識が強く、下を見てしまったり、話がまとまらずに詰まったり、とっさに回答ができなかったりして、基本的に自信が持てない状態でした。そこで教員採用試験を受ける人のための塾や、そのほかの教員採用試験対策のセミナーにも数多く参加しました。本番では笑顔、明るさ、ハキハキとした態度などを意識して臨み、100パーセントの力を発揮することができました。

―教員採用試験を通して、成長したと感じた点は何ですか？

　笑顔と明るさ、前向きさ、そして教師として子どもの前に立つ意識と姿勢を、勉強の仕方や思考術を学びました。

―現在のお仕事内容について教えてください。

　特別支援学校の小学部低学年を担任しています。社会への入り口として第一歩を踏み出した子どもたちに、どんなことが教えられるのか試行錯誤を繰り返しつつ、楽しんで教育にあたっています。

―これから教員採用試験を受ける人たちに、励ましのメッセージをお願いします。

　教員採用試験は教師としてのあり方を見つめ直し、どのように生きていくかを考え、発表できる貴重な場です。よい結果が出ないと、落ち込んでしまうこともあるかと思います。それでも、自分が変わればきっとよい方向に結びつきます。常に感謝の気持ちを持ち、多くの方と幸せになれる道を模索してほしいと思います。

Chapter 9
個人面接＆集団面接 頻出質問への ベスト回答

─ 一般的な質問編 ─

ここからは、教員採用試験の面接でよく出される質問について、ダメな回答例と本気度が伝わる回答例を紹介し、攻略するためのアドバイスをします。最初に紹介するのは、教師を目指したきっかけや理想の教師像など、志望動機に関する質問・回答例です。

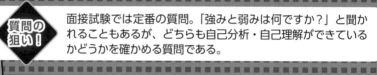

Q.39 長所と短所を教えてください

質問の狙い！　面接試験では定番の質問。「強みと弱みは何ですか？」と聞かれることもあるが、どちらも自己分析・自己理解ができているかどうかを確かめる質問である。

ダメ✕な回答例

❌ 厳格すぎて、周囲とうまくやっていけるかどうか不安

その1

受験者　私の長所は、自分に厳しく、物事を厳格にとらえることです。何事にも厳格に対処するのが私のポリシーであり、相手に対しても、物事に対して厳格であるよう求めています。

面接官　それは、児童・生徒に対しても同様ですか？

受験者　当然です。子どもだからといって簡単にほめたり、甘やかしたりするのは、教育上よくないことだと思っています。

❌ 謙遜しすぎている

その2

長所は、物事に対して慎重に取り組むことですが、慎重になりすぎることが多く、そのせいで失敗することが多々あります。

👆 ワンポイントアドバイス

　物事に厳格なのは決して悪いことではないが、その1 の回答からは、教師にとって必要な温かさや優しさが感じられない。その2 の回答は謙遜するあまり長所をうまくアピールできておらず、逆に短所が目立つ形となっている。

 フォローアップ

発展質問	あなたが好きな言葉、モットーを話してください。
狙い	好きな言葉を通して、受験者がどのように生き、行動しているのかを見る質問。
答え方	「最善を尽くす」「有言実行」など、前向きな言葉は評価が高い。言葉やモットーを述べたあと、なぜその言葉が好きなのかを端的に話そう。

本気度が伝わる回答例

　私の長所は、何事にも積極的に向き合っていくところです。私は、自分がやりたいと思うことがたくさんあるので、<u>やりたいと思ったことをトコトンやり通します</u>。この長所をプライベートだけでなく、教育の現場でも発揮させたいと思っております。

　一方、私の短所は、そそっかしいところです。「これをやりたい！」と思うと、どうしても気持ちが先走ってしまい、さまざまなことに手を出してしまったりとか、いろいろなことに向き合う半面、最後が少し雑になってしまうところがあります。

　この短所を克服するために、今は必要な仕事を早い段階で終わらせて、<u>ひとつずつしっかりこなせるようにしています。</u>

②

 本気度が伝わるステップアップ

① 長所は自信を持ってアピールする

「長所と短所は何ですか」という質問は、自己ＰＲのチャンスである。自分の強みや長所に関しては、存分にアピールしよう。部活動やサークル活動、ボランティア活動などで活躍したエピソードから長所を述べてもよいが、あまり話が長くなりすぎないよう気をつけたい。また、長所や強みを述べるときは、それが教職にも活かされていくこともアピールしたほうがよい。

② プラスの方向で話が終わるようにする

自分の短所について述べるときは、「自分は○○という点が足りないと思っています。以上です」と、悪い点だけを述べて終わってはいけない。「自分はその短所を克服するためにどのようなことを行っているのか、どう改善しているのか」というところまで話し、必ずプラスの形で話をまとめるようにしよう。長所や短所に関する質問は多くの面接で出てくるので、弱みや短所を逆にどう教職に活かせるのかを、日頃から考えておくとよい。

Q.40 教育実習で学んだことは何ですか？

質問の狙い！ 自分が教育実習で学んだことを、具体的なエピソードを交えながら話せるかどうかを見ている。教職への情熱や意気込みを伝えるようにしたい。

❌ 授業の話ばかりで、子どもとの触れ合いの話がない

　私は、母校の中学校で2週間教育実習を行いました。前半の1週間はとても緊張したのに加え、指導案の作成などもあり、とても忙しい日々を過ごしました。

　しかし、後半の1週間は自分なりに授業を進めることができました。とはいえ、まだ自分が理想とするレベルには達していないので、教員になったときには、さらにレベルの高い指導ができたらと思っています。

☝ ワンポイントアドバイス

　教育実習は授業活動が中心になるため、回答が授業の話だけになってしまう人もいる。しかし、それだけではエピソードとして不十分である。先輩教職員や児童・生徒など、人との関わりを通して得た感動、学んだことも述べるようにしたい。

 ## フォローアップ

発展質問 あなたは、自分が恩師と思っている先生から、どんな影響を受けましたか？

狙い 「恩師」と呼べる先生とのエピソードから、受験者がどんな過程で教員を志したのか、どのような教師を目指しているのかを見る。

答え方 学習面だけでなく、学校行事、部活動などで感銘を受けた場面を述べていく。可能であれば、そこから自分が目指す教員像へと話をつなげていきたい。

本気度が伝わる回答例

①

私は、3週間の教育実習で、自分が教師の1人であることを実感しました。

授業のあと、ある児童から「先生、今日は私のことを指してくれた」と言われたことがありました。自分から見れば、その児童は23人いる児童の中の1人で、しかも3週間経てば、普通の学生に戻る身分です。しかし、その児童から見れば、私も教師の1人であり、子どもたちから見られていることを感じました。

私は教師としての自覚を持つべきだと感じたのと同時に、自分が教師になった際には、子どもたち一人ひとりにもっと目を向けなければならないことを、その出来事から学びました。

②

本気度が伝わるステップアップ

① 具体的なエピソードを基に話す

教育実習でのエピソードは、授業や人との関わり、休み時間や給食、清掃など、挙げたら切りがないほどたくさんある。もちろん、それを全部話すわけにはいかないので、自分がとくに印象を受けた思い出とそれによって得たものを、率直に話すようにしよう。

② 反省だけでなく、解決策も話す

教育実習で学んだことを、教員になったときにどう活かしていくのか。反省点だけでなく、その解決策も話すようにしたい。ただ「困ってしまいました」で終わらせないよう気をつけよう。

さらに 印象アップ！

教育実習の思い出は前向きに

この質問では、教員としての資質も見られている。そのため「疲れました」「大変でした」など、教育実習で苦労したエピソードばかり語っていると、「教員に向いていないのでは？」と思われてしまう。

「全体を通すと、とても楽しかった」「子どもたちと触れ合って、改めて自分は子どもと接するのが好きだと実感した」など、楽しかった話もするようにしよう。

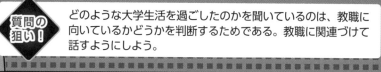

Q.41 大学生活では、どんなことに取り組みましたか？

質問の狙い！ どのような大学生活を過ごしたのかを聞いているのは、教職に向いているかどうかを判断するためである。教職に関連づけて話すようにしよう。

ダメ❌な回答例

その1

❌ 教員になるのに有益な活動も「余計な活動」と話してしまっている

大学では単位を取得するのに一生懸命だったので、<u>余計な活動はなるべくやらないようにしていました。</u>

その2

私は<u>アルバイトで家庭教師をやったほか、ゼミでは明治時代の条約改正交渉について研究し、さらにサークルでは学園祭の実行委員会に所属し、イベントの立ち上げなどに携わりました。</u>

❌ エピソードがてんこ盛りになっている

☝ ワンポイントアドバイス

せっかく大学に入っておきながら、面接の場でとくに述べるような体験談がないのは、あまりにももったいなさすぎる。在学中であれば、今からでも遅くはないので、何かしらの活動に情熱を注いでみよう。そこから新たな自分が発見できるかもしれない。

⬆ フォローアップ

発展質問 学生時代には、どんなアルバイトをしてきましたか？　また、それによって何を得ましたか？

狙い アルバイトは視野を広め、新たな人間関係を形成し、働くことの大変さを学ぶ格好の機会である。アルバイトの体験を、今後生きていくうえで、どのように活かしていくのかが見られている。

答え方 大学生活の質問と同じように、アルバイトで得たもの、学んだことを伝えるとともに、それを教職の仕事にどう活かしていくかまでつなげていく。

本気度が伝わる回答例 ◯

その1

① 私は大学で手話サークルに所属し、福祉施設へのボランティア活動にも参加しました。3年生のときには、社会教育団体の青少年を対象とした行事にも参加するなど、活動の幅を広げました。

こうした活動を通して、私はいろいろな方と出会い、努力することの大切さを学ぶことができましたが、教員になったときには、それを子どもたちにも伝えられるようにしたいと思っています。 ②

その2

私は、社会学科で地域自治体のまちづくりについて調べるゼミに所属していました。年に一回、まちづくり事業を行っている自治体に赴き、その実態を取材するゼミ合宿を行っていますが、昨年は◯◯県◯◯市で行っている、漫画作品を基にしたまちづくり事業について取材しました。 ③

本気度が伝わるステップアップ ↗

① どんな経験をしたのか具体的に述べる

大学生活の経験には専門分野の研究やサークル活動、部活動、ボランティア活動などがあるが、これを全部話そうとするのではなく、ある程度分野を絞って話したほうがよい。成果としてどのようなことがあったのか、苦労をいかにして乗り越えたかなど、その活動から学んだことを、具体的なエピソードを交えて話すようにしよう。

② 教職に関連づけて話す

大学生活から学んだことを、教職に就いたあとにどう活かしていくのかまで触れるとよい。

③ ゼミや専攻の話はわかりやすく

ゼミや専攻について質問されたら、具体的な事例を交えながらわかりやすく説明する。得意分野だけに、つい専門的な話をしてしまう人もいるが、難しい話を難しく伝えるのは、教員を志す者がやるべきことではない。専門的な話をするときは、「難しい話をわかりやすく」伝えるようにしよう。

Q.42 趣味や特技について聞かせてください

質問の狙い！ 単に個人の趣味や特技を知りたがっているのではなく、その特技や趣味が教育活動にも活かされるのか。また、趣味や特技を通して、どんな人となりなのかを見ている。

その1

❌ 教職よりも趣味を優先する印象を受ける

　私は野球観戦を趣味としており、とくに千葉ロッテマリーンズの大ファンです。シーズン中は休みになると、地方開催の試合も欠かさず観に行きます。

その2

❌ 答えになっていない回答

　私には、取り立てて述べるほどの特技や趣味は、とくにありません。あえていえば、時間があるときに仲間と麻雀をするくらいです。

❌ ギャンブルに関する答えは避けたい

ワンポイントアドバイス

　「特技や趣味はとくにありません」と答えると、意欲がないと見られてしまうおそれもある。とはいえ、そんなに好きでもないものを特技や趣味に挙げ、あとで墓穴を掘ってしまっては元も子もない。もし趣味らしい趣味がなければ、「趣味といえるほどではないですが、○○に興味を持っています」程度にまとめておくとよい。

フォローアップ

発展質問 あなたは何か資格を持っていますか？

狙い 資格については面接カードに必須の記入事項なので、むしろ「この○○という資格は、どういう資格ですか？」と聞かれることが多い。

答え方 基本的には面接官から聞かれたことに対し、端的に答えていく。ただし教職に関係しそうな資格なら、少し深く話してもよい。

本気度が伝わる回答例

受験者	私は、子どもの頃から絵を描くのが好きで、小型のスケッチブックをいつも持ち歩いています。対象物があれば、それをよくスケッチしています。
面接官	<u>絵画関係で、何か賞を獲ったことはありますか？</u> ①
受験者	小・中学生のときは、よく県や市の展示会に、学校で描いた作品が展示されていました。大学のときには絵画の同好会に所属し、ボランティアで小学生の絵画指導も行っていました。そこで子どもたちに教えることの喜びを知り、教員を志すようになりました。
面接官	あなたが教員になったら、その特技をどう活かしたいですか？
受験者	<u>自分が描いたイラストを教材として用い、わかりやすい授業を行うための手助けにしたいと考えています。</u> ②

 本気度が伝わるステップアップ

① どんな質問にも答えられるようにする
特技や趣味に関する質問では、「この特技をやってきたことで得たものは何ですか」「いつ頃からやってきましたか」など、面接官から質問されることが多い。そのため、どんな質問が来ても答えられるようにしておこう。

② 特技や趣味を教育活動でどう活かしたいのかをアピールする
趣味や特技を「自分が教職に就いたら、このように活用していきたい」とアピールすることで、教育活動に対する積極性を示すことができる。

さらに 印象アップ！

自分を振り返って特技を探す
これといった特技がない人は、自分自身を振り返って探してみよう。人は周囲に誇れる特技の1つや2つは持っているもの。自分の人生を振り返ることで、ほかの人にはない個性が見つかるはずだ。得意なことが増えれば、それが学級経営の手助けにもなる。面倒だと思わず、地道に探して、面接でのアピールにつなげよう。

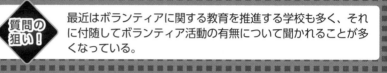

Q.43 ボランティア活動の経験はありますか?

質問の狙い！　最近はボランティアに関する教育を推進する学校も多く、それに付随してボランティア活動の有無について聞かれることが多くなっている。

その1

❌ ボランティア活動に対する意識が低い

　私は学業に追われることが多く、ボランティア活動に従事する時間的余裕がありませんでした。もし時間に余裕ができたら、ボランティア活動に参加しようと考えています。

その2

　友人に誘われ、地震の被災地ボランティアに参加しました。食事もままならず、寝る場所も確保できず、とても大変でした。

❌ 自発性を感じない回答

✋ ワンポイントアドバイス

　学生が学業に励むのは大事なことだが、だからといって「ボランティア活動を経験しなくてよい」ということにはならない。もしボランティア活動の経験がない場合は、体験できなかった理由を示すとともに、人のためになった経験を話してみよう。

⬆ フォローアップ

発展質問　学校教育でのボランティア活動を実施する際、注意することは何ですか？

狙い　ボランティア活動を実施するうえで、留意しなければならない点を聞かれている。

答え方　「実施にあたっては地域の実情を踏まえ、教育計画に沿った形のボランティア活動を行いたいと思います」など、地域や保護者に配慮する姿勢を示す。活動内容は児童・生徒の成長段階に応じたものとし、安全を確保することも忘れてはならない。

本気度が伝わる回答例

受験者　私は、大学2年のときに特別養護老人ホームで介護のボランティア
　　　　を1週間体験しました。そこではお年寄りの食事や入浴など、日々
　　　　の生活のお世話をしました。

面接官　あなたはその経験を通して、何を学びましたか？

受験者　お世話をしたお年寄りの方と話すことで、大学の人間関係とは違う
　　　　"心の交流"をすることができました。お年寄りの方から「ありがと
　　　　う」「頑張ってね」と優しく声をかけていただきましたが、そういっ
　　　　た経験を通して人と優しく接することの大切さを学びました。教職
　　　　に就いたあとも、相手の立場になって考え、行動するようにしたい
　　　　と考えています。

① ②

 本気度が伝わるステップアップ

① 自分が体験したことを具体的に話す

一口にボランティア活動といっても、社会福祉施設やボランティアセン
ターでのお手伝い、保育園や児童館での活動、災害被災地での復興活動
など、さまざまなものがある。どんな内容でもよいので、自分が経験し
たことを具体的に述べるようにしよう。

② ボランティア活動で得た経験を、教職にどう活かすかを述べる

ボランティア活動は社会に貢献するだけでなく、その経験を通して自分
自身を高めることもできる。面接では単に「こんなことを経験しました」
で話を終わらせるのではなく、経験した結果、自分自身にどんな影響を
及ぼしたか、それを教職に就いたときにどう活かしていくのか、といっ
た点まで話せるようにしておきたい。

さらに印象アップ！

困難を克服した話も入れる

ボランティア活動では、ときに困難や苦労に見舞われたこともあった
はず。しかし、これも「大変でした」だけでまとめるのではなく、それ
をどう克服し、自分の糧にしたかを述べるようにしよう。

Q.44 挫折した経験について
教えてください

質問の
狙い！

人間誰しも挫折の1つや2つは経験するもの。この質問では、それをいかにして乗り越えてきたのかが見られている。挫折した話も、堂々とできるようにしたい。

本気度が伝わる回答例

①

　私は高校時代、野球部に所属していましたが、高校3年の最後の試合でエラーをしてしまい、チームが敗れてしまいました。

　試合後、私が控え室でずっと泣いていると、チームメイトが「ここまでやってこられたのは、お前のおかげだよ。ありがとう」と声をかけてくれました。

　私はそこで人とのつながり、絆の大切さを学びました。

　現在、大学では軟式野球部に所属していますが、チームの和が乱れそうなときにはこの言葉を思い出し、結束を固めるよう呼びかけています。

②

 本気度が伝わるステップアップ

① エピソードを具体的に述べる

挫折した体験は、人によっては思い出したくもないもの。だが「挫折は今まで一度も経験したことがありません」という人のほうが、教職に就いたときに脆さを露呈することがある。臆することなく堂々と、具体的に話すようにしよう。

② 挫折した経験を次にどう活かしたのかを話す

この質問では、挫折の経験を将来教員としてどう活かしていくか、子どもが挫折したとき、その思いを共有できる人であるかどうかが見られている。挫折から立ち直った人の書籍などを読んで、面接で回答するときの参考にしてみるのもよい。

**質問の
狙い!** 社会人となるうえで、自分の健康管理についてどれだけ意識
し、健康を維持することの大切さをどれほど認識しているの
かを見ている。

本気度が伝わる回答例

①

受験者 私は、規則的な生活とバランスがとれた食生活を心がけています。
それは、今のうちから正しい生活を意識づけておけば、教職に就い
たあともそれが維持できると考えているからです。

面接官 教員が健康を害したら、まわりにどんな影響が及ぶと思いますか?

受験者 ほかの先生に迷惑を及ぼしますが、何より担任をしている場合には
授業が自習になり、子どもたちに迷惑をかけてしまいます。自己管
理をしっかりするのは社会人として当然の務めですが、教員は子ど
もたちの見本となるべき存在なので、とくに気を遣わなければなら
ないと考えています。

面接官 休日は、どんなことをしてリラックスしていますか?

受験者 趣味がサイクリングなので、休日は近所の川辺を自転車で走ってい
ます。
②

 本気度が伝わるステップアップ

① 健康管理をすることの大切さを述べる

教員に限らず、社会人に求められるのは何といっても健康である。日頃
から健康についてどれだけ意識し、心がけていることがあれば、それを
話すようにしよう。

② 教員にとっては気分転換も大事

教員はストレスが溜まる仕事でもあるので、休日にリラックスするのが
大事である。気分転換できる趣味を、今のうちから探しておくとよい。

COLUMN 10

学校により異なる
私立学校の採用方法

　数のうえでは公立校のほうが多いが、なかには独自性がある教育がしやすいという理由で、私立校を希望する人もいる。だが、私立の場合は公立と違って、各学校単位で採用が行われている。そのため、まずは受けたい学校のホームページなどをチェックして、どのような採用形式をとっているのか、どんな学校なのかを確認しておく必要がある。

　ほとんどの私立校は定期的な採用を行っておらず、教員に欠員が生じたタイミングで募集することが多い。しかも非常勤での募集が多いなど、門戸が公立に比べると大変狭い。とはいえ、私立校は校風や教育方針がバラエティに富んでいるほか、定期的な人事異動もほとんどないというメリットがある。

　また、私立校では指定校制度を採用している学校が多いので、その大学に属している学生はぜひ利用しよう。私立の教員採用では出身校の恩師やゼミの教授、教育関係者の知り合いなど、人のつながりが力を発揮するので、日頃から豊かな人間関係を築いていくのが大切である。

指定校制度とは…

　年度の初めに教員の補充を求める私立校が、大学の就職部に求人を依頼する制度。学生が求人票を見て応募するケースと、応募の際に学校の推薦が必要なケースがある。

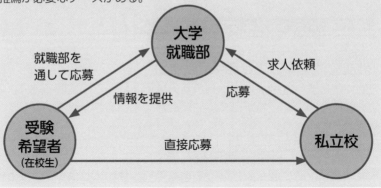

Chapter 10
模擬授業と
場面指導

実際の授業や生活指導を想定して行われる模擬授業と場面指導は、教員としての資質や実践的な指導能力が見られています。ここではその評価の観点、心がまえ、さらには攻略するためのポイントを紹介します。

本番さながらに行う 模擬授業の概要

■ 模擬授業を通して、教師としての適性や実践的な指導力が評価される
■ 丁寧な言葉遣いや板書など、細かいところまでチェックされる

模擬授業の時間は10〜15分

　模擬授業は多くの自治体で実施されており、教員としてどんな授業ができるかを判断します。実際の授業を想定して行うのが一般的で、時間は自治体によって異なりますが、10〜15分が目安となっています。模擬授業では、面接官やほかの受験者が児童・生徒役となり、授業に関する質疑は面接官が行います。

　模擬授業の形態はさまざまで、試験当日に課題が言い渡されることもあれば、事前に知らされることもあります。当日に知らされるときは、学習指導案が用意されている場合とそうでない場合がありますが、ない場合は教材の数ページが指定され、模擬授業前の時間に作成したりします。

　また、特殊なものでは、朝のホームルームを想定し、事前に用意された当日の予定や連絡事項などを伝える形式の模擬授業もあります。

過去に実施した模擬授業の内容①

<新潟県>
【小学校】(考える時間5分、話す時間5分、面接官とのやり取り5分)
テーマ「キャンプのときのきもだめし大会についての注意事項」「命の尊さについて(5年生対象)」「逆上がりのできない子どもに対しての指導」など。
<沖縄県>
【中学校英語】(面接官3人)
「○○という字を黒板に書いてください(板書の丁寧さを見るもの)」「次に、3分の1を生徒に教えてください」など。

模擬授業会場のレイアウト例

　模擬授業では、面接官やほかの受験者が児童・生徒役を演じるが、面接官が「先生、質問があります」と手を挙げることも。また、黒板が用意され、板書をすることもある。受験者のその場での対応力も見られており、単に授業をすればよいというわけではない。

● 面接官　　○ 受験生

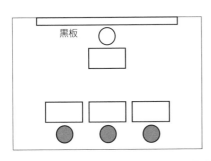
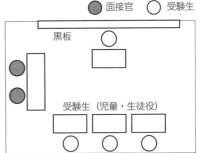

模擬授業の評価の観点

　模擬授業では、授業の進め方はもちろん、「教育に対する情熱では誰にも負けない」という熱意を持って取り組もう。

①授業を構成する力があるか
　与えられた課題を理解し、本番さながらに授業を行うことができるかどうか。また、子どもたちへの発問を適切に行うことができ、導入・展開・まとめが予定の時間内で、できるかが評価される。

②授業で子どもの考えを引き出せるか
　子どもの反応に対し、その表情を見てうなずくなど、共感する姿勢を示しているかどうか。また、教師がすぐに答えを言うのではなく、子どもからうまく解答を引き出せるかがポイントとなる。

③授業に取り組む態度がしっかりしているか
　終始、落ち着いた態度で授業を展開することができたか。また、面接官が意図的に答えた誤答を冷静に処理し、慌てず的確に指導できたかどうかを見る。明るく振る舞い、子どもにも元気を与えられるような姿勢が大事である。

④言葉遣いがきちんとしているか
　基本は丁寧語。また単調な話し言葉にならず、メリハリをもって伝えられるかどうか。さらに、発声の音量が教室の隅まできちんと伝わっているかも見る。

⑤板書がきちんとできるか
　1時間の授業の板書を考慮し、書く内容や文字の大きさに気を配っているか。また、子どもの成長段階に合わせた漢字が使えるかどうかも見る。

模擬授業を攻略するためのポイント

■ 模擬授業とはいえ、本番の授業と思って、「先生になり切ってやる」ことが大切
■ 児童・生徒に「教え込む」のではなく「引き出す授業」を心がける

雰囲気にのまれることなく授業に臨む

模擬授業では、本番の授業と思ってやることが大切です。教育実習や講師としての体験・経験を思い出しつつ、先生になり切りましょう。照れたり恥ずかしがったりしていると、高い評価が得られないので要注意です。難しいのは、目の前にいるのが子どもではなく、児童・生徒役の面接官やほかの受験者だということです。具体的なイメージが描きにくいシチュエーションですが、雰囲気にのまれずに臨みましょう。

また、緊張すると早口になり、子どもたちに話が伝わりにくくなります。**はっきりと発音することを心がけ、子どもたちに話の内容が正しく伝わるようにします。テンポよく、スムーズに話すことが大切です。**

模擬授業は、面接同様、練習を重ねることが大事です。直前に課題が与えられるケースもありますが、試験前に仲間や友人に評価してもらったり、児童・生徒役を演じてもらったりして、"場数"を踏んでいきましょう。

過去に実施した模擬授業の内容②

<佐賀県>
【高等学校】(面接官4人、個人面接も同時に行う)
① 控え室で模擬授業のテーマが渡され、それについて30分で授業案を考える。
② テーマが書いてある用紙にはメモ欄があり、それを見ながら授業をすることも可能。
③ メモ用紙は模擬授業終了後、面接官に提出。
④ 黒板は使ってもいいが、必ず消すこと。
⑤ 授業終了後、個人面接が始まる。模擬授業の時間が短いと、面接の時間が長くなる。

模擬授業のポイント

①児童・生徒が主体の授業を行う

ただ単に教科書を読み、板書するだけではよい授業とはいえません。児童・生徒に考えさせたり、発表させたり、作業を行わせる場面を設けるとよいでしょう。また、学級全員の児童・生徒に目配りをする、配慮を感じさせる態度で授業に取り組みましょう。

②板書はきちんと行う

板書の文字が見にくかったり、誤字脱字や書き順の間違いをするのはNG。子どもたちの見本となるべき存在なので、これらの点には十分注意しましょう。事前に指導計画案を提出するときは、板書事項をあらかじめ下書きしておくとよいでしょう。板書はたくさん書けばいいというわけではなく、キーワードや内容をうまくまとめて書くようにしましょう。

③制限時間を守る

模擬授業の時間は限られているので、あれもこれもというわけにはいきません。模擬授業は面接官に「終了です」と言われて終わる場合と、自分で終了させる場合がありますが、途中で終わらせないといけないこともあります。そのときは途中でも「ありがとうございました」と礼を述べるのを忘れないようにしましょう。

CHECK! 模擬授業は講師経験がないと不利？

　模擬授業は、講師経験がある人が有利に見えますが、経験が少ない（ない）からといって不安になる必要はありません。かえって授業経験が少ないほうが、斬新な発想で授業ができる可能性があるからです。それに対して講師経験がある人は、「授業が上手にできて当たり前」という目で見られ、ハードルが上がってしまう可能性も。また、授業にこなれたせいで、思い切った授業ができない可能性もあります。

　経験がない人は自信を持って、経験がある人は「今までやってきた授業とは別物」と考え、模擬授業に臨みましょう。

学習指導案づくりのポイント

　模擬授業では、事前に学習指導案の提出が求められることがあります。学習指導案は、いわば授業の設計図のようなもので、教師の指導観や個性、特性などが見られます。学習目標を立てるために、どのような学習形態・指導方法・発問（質問）で授業を展開するかを前もって立案します。ここでは、学習指導案作成のポイントとその留意点を紹介します。書き方は人それぞれなので、自分の学習指導法がうまく伝わるように作成しましょう。

1　単元名
学習指導要領や教科書、文部科学省資料、参考書、学習指導要領の解説篇などを参考に決めます。

2　単元の指導目標を示す
この単元で、児童・生徒がどこまで理解できるのかを示す。目標には認知的な目標（〜を音読できる、〜が書ける、〜の計算ができる）、情意的な目標（喜んで〜をやる、〜に積極的に参加する）などの種類があります。

3　指導のポイントを把握する
単元をどのように指導するか、子どもの興味・関心をどう惹きつけるのか。その狙いを学習指導要領の解説篇などを参考にしながら書いていきます。また、指導にあたり、どのような教材を用い、それをどう活用させていくのかを具体的に記します。

4　単元の指導に対する総時間数などを決める
学習活動や内容について、指導に関する時間分の計画を立てていきます。

5　発問（質問）について検討する
授業を進めるうえで、とても大事なのが発問（質問）です。主発問を準備するのはもちろん、反応がなかったときのための補助発問も用意しておきましょう。また、何のために発問するのか、その意図を記しておくとよいでしょう。

6　単元の評価基準・方法を決める
学習指導の目標が評価しやすい記述や表現であれば、評価もしやすくなります。

7　板書計画の作成
板書は学習の展開がわかり、子どもたちがノートを見たとき、学んだことを振り返ることができる内容にします。

プレゼンテーション面接の攻略法

プレゼンテーション面接は制限時間の中で、自分の思いや考え、さらには教員になりたい自分についてPRする場です。単に自己紹介をするだけでなく、表現力や説得力、実践力などが評価されます。自分をPRするのですから、得意分野や特技、長所、これまで打ち込んできたサークル活動や部活動、ボランティア活動など、自分の強みをアピールするとよいでしょう。

プレゼンテーションの時間は短くて1〜2分、長くても3〜5分と限られています。そのなかで自分を最大限にPRするための準備を整え、練習を重ねておきましょう。繰り返しになりますが、自分のPRを録音してチェックしたり、仲間や友人にチェックしてもらうのが合格への近道となります。

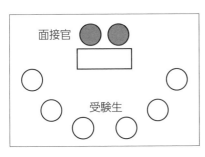 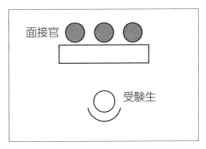

プレゼンテーション面接のポイント

1 教育との関連性を踏まえて話す
あくまで教員を目指すためのプレゼンテーションなので、そのアピールポイントをいかに教育につなげるかが大事です。そこから何を学んだのか、どう教育に活かしていくのかを、具体的なエピソードを交えながらPRしましょう。

2 事前に提出した面接カードと内容が矛盾しないように
志願書など、提出した書類は事前にチェックされています。そこに書かれたことと矛盾する内容のプレゼンをすると「一貫性がない」と思われてしまうので気をつけましょう。

3 短所も長所に変えるプレゼンに
面接官からあえて短所や弱みについて問われることもありますが、短所は見方によっては長所に変わります。たとえば「頑固」という短所も、「信念がある」と受け取ることができます。短所や弱みを、どのように長所や強みに変えていくのかと、PRするとよいでしょう。

実践的な対応力が求められる場面指導

■ 場面指導では、教師として適切な対応ができるかどうかが見られている
■ 指導する場面では、指導の意図を明確に把握し、冷静に対処しよう

予期せぬ出来事に対応する力が見られる

　学校の教育活動において、現実に起こりうる場面を想定し、その状況で適切な対応が取れるかどうかを見るのが、場面指導です。時間は約5〜10分で、入室後に面接官から具体的な指示を受けます。このとき、児童・生徒役は面接官や指名された受験生が担当します。また、指導の最中に、「どうしてそのような指導をしたのですか」「ほかに指導方法はありませんか」と聞かれることもあります。

　教員採用試験における場面指導の重要度は年々増していますが、これは近年の教育現場において「対応力」の必要性が高まっているからです。児童や生徒だけでなく、保護者や地域社会などとも関わりを持ち、ときには予期せぬ出来事に対応しなければならないこともあります。そんなときに冷静さを失ってしまっては教員として失格なので、場面指導で「実践的な指導力・対応力」があるかどうかを見ているのです。

場面指導の出題例

- 宿題などの提出物を出さない児童・生徒がいます。あなたはどう指導しますか?
- 授業中に私語を話す児童がいます。私語をなくすには、どんな指導をしますか?
- 休みがちになった子どもたちがいますが、どうしたらいいでしょうか?
- 保護者から「宿題が多すぎる」というクレームにどう対処したらよいですか?

場面指導の主な形式

　場面指導では、個人面接と同じような形式で行われる場合と、ロールプレイング（模擬授業）形式で行われる場合があります。ほかにも、受験者が子役になり、そのあと個人面接で場面指導の意図や感想を求められるパターンがあります。

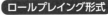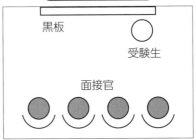

場面指導で押さえておくポイント

1　問題の意図を正確に把握する
　表面的に把握して「こちらがよい」「こちらが悪い」と簡単に決めつけるのではなく、正確な状況や実態に基づいて判断することが大事です。児童・生徒の問題行動の背景には、目に見えない要因や原因があるからです。柔軟な思考力を発揮し、問題を解決へと導いていきましょう。

2　子どもの立場に立った指導を心がける
　子どもに対し、教員側の先入観や思い込みで指導するのはNGです。まずは多面的に児童・生徒を理解し、子どもの立場に立つことを心がけましょう。子どもの声に耳を傾け、そのうえで指導・対応をしていきます。「傾聴」「受容」「共感」の姿勢が大切です。

3　何のために指導するのかを把握しておく
　どのように指導すればよいのかわからない場合、「この場では何のために指導するのか?」を改めて考え、目的意識を持って指導にあたりましょう。

4　冷静に落ち着いて対応する
　年配の面接官が児童・生徒役を演じることが多く、なかには試験の舞台設定に入り込めない受験者もいます。しかし、これは自分の一生を決める大事な試験です。きちんと役になり切って、冷静かつ落ち着いて指導にあたりましょう。児童・生徒役の行動にカッとなったり、オロオロしないよう、日頃から練習を重ねておくのが大事です。

5　子どもへの指導はわかりやすく行う
　いくら立派な考えの持ち主でも、それをうまく伝えることができなければ、宝の持ち腐れです。具体性を持って、わかりやすく伝えるよう心がけましょう。

場面指導対策でやっておくべきこと

■ 場面指導の対策は、個人面接にもつながることを踏まえておく
■ 臨機応変に対応する力を、場面指導の練習で身につけていく

対応力の練習をし、力のある人に指導をしてもらう

　場面指導では、臨機応変な対応が求められますが、問題を事前に予想するのは困難です。そのため、「対策をしてもムダ」と考え、何の対策も講じないまま臨む受験者も少なくありません。ですが、対策したことが、教育現場に出てから活きてきます。現場は指導の連続です。指導のバリエーションがたくさんあれば、その子に応じたよりよい教育が選択できるのです。実際に指導する練習を重ねておくことで、個人面接の席でも、「○○に対して、あなたならどう対処しますか」と、場面指導に近い質問をされても答えることができます。

　練習をするときは、力のある人に見てもらうと成長が早いです。校長先生、現場の経験のある教授などにお願いして見てもらいましょう。

教態を鍛える5つの観点項目

　場面指導や模擬授業をする時に、観点がなければ授業は上手くなりません。以下の観点に沿って指導を見ると、対応力がみるみる上達します。

1　**最初に子どもをつかむ**
　　例　全員目をつぶります。想像します。クラスの中でいじめがありました。
2　**指示の明確さ**
　　例　これをいいことだと思う人、手を挙げなさい。悪いことだと思う人、手を挙げなさい。
3　**温かな表情やほめ言葉**
　　例　悪いことですね。(笑顔で) その事がわかっているのはえらい。
4　**解決の方向へ向ける**
　　例　今までのことは問いません。今後どうやって解決したらいいか話し合いなさい。
5　**結論づける**
　　例　意見を言います。1人ずつ発表しなさい。みんなの意見と同じで、先生もいじめは許しません。二度とそのようなことがないようにしましょう。

「腹式呼吸」で
話し方を改善する

　呼吸は生きていくうえで欠かせないものだが、呼吸の方法を変えることで「話す力」を向上させることができる。自分の息継ぎや呼吸に注意を払いつつ、簡単なトレーニングで腹式呼吸をマスターしていこう。

　普通、息を吸う時間と吐く時間はほとんど同じだが、これが「話す」になると、吐く時間のほうが長くなる。そのため少し長めに話すと口が乾いてしまい、あがり症や「えっと」「あっ」といったヘンな口ぐせ、会話中の息切れなどにつながるのだ。

　こうした現象を防ぐには、鼻で息を吸い、ゆっくりと吐く「腹式呼吸」を覚えるとよい。自宅や学校などで気軽にできるので、空いた時間を使ってマスターしてみよう。

腹式呼吸トレーニング

①しっかりと立つ
背筋を伸ばして肩の力を抜き、両足をしっかりと地につけ、安定した姿勢で立つ。

②息を吐く
酸素を取り込むため、まずは体内の二酸化炭素を排出する。急がず、ゆっくり吐くのがポイント。

③ゆっくりと息を吸う
肺の中の空気を出し切ったあと、口を閉じて鼻から息を吸う。お腹が膨らんでいたら、腹式呼吸ができている証拠だ。

④ゆっくりと息を吐く
約5秒間、息を吸ったあと、2秒ほど息を止め、約6秒かけてゆっくりと息を吐く。お腹がへこんでいれば、腹式呼吸ができている証拠だ。

教員採用試験で役立つ
面接の言葉遣い辞典

面接では、言葉遣いも重要なポイントのひとつ。日頃友人と話す日常言葉は、面接や一般社会では失礼にあたることが多々あるので、子どもたちの見本となる言葉をマスターしておきましょう

配慮した話し方を心がける

　いくら面接官から「リラックスして、いつもの感じでいいから」と言われたからといって、「で〜、アタシ的には○○だと思うんですよぉ〜」と、普段友だちと話しているような言葉遣いで話すのはNGです。教員は子どもたちの見本となる存在ですが、その先生の言葉遣いが乱れていると、示しがつきません。

　また「言葉は、人なり」という言葉があるように、言葉遣いはその人の人間性を表しています。言葉遣いが乱暴だと「この人は教員に適していない」という烙印を押されてしまう可能性もあるので、十分に配慮した話し方を心がけましょう。

言葉遣いで心がけるポイント

丁寧な表現を心がける

　相手に自分のことを伝え、問いかけに答える面接の場では、相手に「伝える」のではなく、「伝わる」言葉遣いを心がけましょう。コミュニケーションは「認識」「理解」「尊重」の３つから成り立っていますが、これは子どもたちに勉強を教えるときにも欠かせない要素なので、どうすればうまく「伝わる」のかを考えることは、とても大事なことです。

否定的な表現は控える

　「私なんて、大したことありません」と謙遜するのは日本のよき文化のひとつでもありますが、面接では、極端なへりくだりは「自信がない人」とみなされてしまうことも。自信過剰も考えものですが、なるべく前向きな表現をするようにしましょう。ポジティブな表現は、ポジティブな結果を生み出します。

面接で間違いやすい表現

×〜じゃないですか　〇〜です（ます）

（例）　私、〇〇先生にお世話になったじゃないですか。
→私は、〇〇先生にお世話になりました。

×〜というか　〇〜というよりは

（例）　この問題の原因は人間関係というか、理解不足にあると思います。
→この問題の原因は人間関係というよりは、理解不足にあると思います。

×〜的には　〇〜としては

（例）　私的には、納得できない部分も多々ありました。
→私としては、納得できない部分も多々ありました。

×ちょっと　〇少し

（例）　ちょっとお話をしてもよろしいでしょうか?
→少しお話をしてもよろしいでしょうか?

×やっぱ　〇やはり

（例）　やっぱ教員の仕事は魅力的だと思います。
→やはり教員の仕事は魅力的だと思います。

×正直　〇実を申しますと

（例）　正直、その件については存じませんでした。
→実を申しますと、その件については存じませんでした。

面接官が気になる言葉遣い

「超〇〇」「めっちゃ」	「ムカつく」	「〇〇って感じで」
「マジで」	「ウザい」	「〇〇とか」
「ヤバい」	「ウチら」「アタシら」	「やっぱ」
「うん」「そうそう」	「パンキョー」（一般教養の略）	「何げに」

覚えておきたい敬語の基本

　敬語には「尊敬語」「謙譲語」「丁寧語」の3種類があり、それぞれ使い方が異なります。面接の場で「〜っす」「〜的には」と話すのは失礼にあたるので、この機会に敬語の使い方をマスターしておきましょう。

尊敬語　相手の動作や状態を高めて表現する

自分よりも相手の立場が上のときに用いる敬語。動詞に「お」「ご」をつけたり、「いらっしゃる」「召し上がる」など言葉そのものを変えて、相手の動作や状態を高める。
（例）
・「お」「ご」をつける ➡ 「お掛けになる」「お聞きになる」
・言葉そのものを変える ➡ 「いらっしゃる」「おっしゃる」

謙譲語　自分の動作をへりくだって表現する

相手よりも自分がへりくだることで、相手に対して敬意を表す。動詞に「お」「ご」をつけたり、「申し上げる」「うかがう」など言葉そのものを変える用法は、尊敬語と同じ。
（例）
・「お」「ご」をつける ➡ 「お耳に入れる」「お尋ねする」
・言葉そのものを変える ➡ 「参る」「申す」

丁寧語　「です」「ます」調で丁寧な表現に

相手に対して敬意を表したり、改まった気持ちで言い表すときに用いる敬語表現。「〜です」「〜ます」「〜でございます」というのが基本。
（例）
・「です」 ➡ 「大丈夫です」「結構です」
・「ます」 ➡ 「言います」「行きます」
・「ございます」 ➡ 「おいしゅうございます」

言葉	尊敬語	謙譲語	丁寧語
行く	いらっしゃる	参る、うかがう	行きます
言う	おっしゃる	申す、申し上げる	言います
する	なさる、される	いたす	します
思う	お思いになる	存じる	思います
食べる	召し上がる	いただく、頂戴する	食べます
来る	お見えになる、おいでになる、お越しになる	参る	来ます
いる	いらっしゃる	おる、おります	います
見る	ご覧になる	拝見する	見ます
聞く	お聞きになる	うかがう、承る	聞きます
待つ	お待ちになる	待たせていただきます	待ちます
読む	お読みになる	拝読する	読みます
知らせる	お知らせになる	お耳に入れる、お知らせする	知らせます

やってはいけない言葉遣い

「ら」抜き言葉

「食べれない」「来れない」などの「ら」抜き言葉は、面接官からすると引っかかってしまう言葉遣いのひとつ。日頃のクセで出てしまうこともあるが、なるべく出さないようにする。

語尾を上げる・伸ばす

「〜ですよねぇ?」「〜じゃないですかぁ?」など、語尾を上げたり、伸ばしたりする言葉づかいは、だらだらした軽い印象を与えてしまう。語尾を短く切って、話し方を知的にすることを心がけよう。

一人称が丁寧でない

面接では「私（わたくし）」と答えるのが無難。最低でも「わたし」。「僕」「自分」はなるべく避けたほうがよい。もちろん、「俺」「ウチ」は完全にダメ。

クセを出してしまう

質問されるたびに「あっ」「えっと」などと言うクセがある人は少なくない。面接の練習を繰り返し、ほかの人に見てもらうことで矯正しよう。

 CHECK! 敬語の重ねすぎに注意

いくら正しい敬語を使うのが大事だからといって、ムダに敬語を重ねる「二重敬語」を用いるのも不自然だ。「丁寧に話さなければ」と思うあまり、敬語が二重になってしまう人も少なくない。なかには緊張のあまり、「先生」や「父」「母」にまで「お」や「ご」をつけてしまう人もいるので、やはり面接本番で緊張しすぎないメンタルづくりが大切だ。

過剰な敬語は、ていねいなつもりで、実は間違っている。「ある程度、ていねいなら大丈夫」という気持ちで面接に臨んだほうがよい。

×拝見させていただきました ○拝見しました

（例）先生のアルバムを拝見させていただきました
→ 先生のアルバムを拝見しました
※「拝見する」「いただく」の二重敬語

×おっしゃられる ○おっしゃる

（例）先生がおっしゃられた言葉に感激しました
→ 先生がおっしゃった言葉に感激しました
※「おっしゃる」「される」の二重敬語

公立学校教員採用選考試験の実施の例

　文部科学省では、各自治体及び指定都市教育委員会が実施した公立学校教員採用選考試験（採用選考）の実施方法について、毎年調査を行っている。ここでは実際の採用選考を例として、紹介する。また専攻試験の実施方法は毎年変わってくるので、試験を受けるときは、必ず自治体のホームページを確認しておこう。

※数字は実施県市数、（　）内数字は前年度の実施数

1．試験実施時期

＜1次試験＞
　6月…4県市、7月…64県市
＜2次試験＞
　7月…1県市、8月…60県市、9月…6県市
＜3次試験＞
　8月…1県市、9月…2県市
＜採用内定＞
　9月…17県市、10月…46県市、11月…1県市、12月…5県市、
　1月…1県市、2月…2県市、3月…2県市

2．採用選考試験内容

＜実技試験＞
　●小学校
　　音楽…35県市（42）、図画工作…4県市（3）
　　体育…45県市（52）、外国語…26県市（26）
　●中学校、高等学校
　　音楽…中学校68県市（68）、高等学校44県市（44）
　　美術…中学校66県市（66）、高等学校41県市（39）
　　保健体育…67県市（68）、高等学校55県市（55）
　　英語…中学校68県市（68）、高等学校57県市（58）
＜面接試験＞
　個人面接を実施…68県市（68）
　集団面接を実施…46県市（47）
＜その他＞
　作文・小論文…43県市（43）
　適性検査…41県市（40）
　模擬授業…49県市（50）、指導案作成…13県市（14）
　場面指導…37県市（38）

3．試験免除・特別選考

　個性豊かで多様な人材を確保するため、教職経験や民間企業などでの勤務経験を有する者、英語に係る資格を持つ者、スポーツ・芸術での技能や実績を持つ者を対象とした選考は、以下のとおり行われている。

　　英語の資格等…62県市
　　スポーツの技能や実績…46県市
　　芸術の技能や実績…22県市
　　国際貢献活動経験…36県市
　　民間企業等経験…50県市
　　教職経験…64県市
　　前年度試験での実績…45県市
　　複数免許状の所持…44県市

　　・英語の資格等による特別の選考を実施する県市が増加している。
　　・前年度試験での実績による特別の選考を実施する県市が増加している。
　　・複数免許状の所持による特別の選考を実施する県市が増加。

4．障がいのある者への対応

　障がいのある者を対象とした特別選考を68県市で実施。
　また多くの会場で、筆記試験や実技試験など実施時における配慮が行われている。

5．受験年齢制限

　　制限なし…41県市
　　51歳〜58歳…1県市
　　41歳〜50歳…23県市
　　36歳〜40歳…3県市

　令和2年度採用選考において、秋田県、埼玉県、京都府、兵庫県、鳥取県、徳島県、札幌市、神戸市が新たに緩和を実施。

6．情報公開・不正防止のための措置

　採用選考の透明性を高めるための取り組み、不正を防止するための取り組みについては、以下のとおり行われている。
　　試験問題の公表…68県市
　　解答の公表…68県市
　　配点の公表…68県市
　　採用選考基準の公表…68県市
　　　　そのうち、50県市で採用基準をすべて公表。
　　成績の本人への開示…68県市

■ 監修

岸上 隆文（きしがみ　たかふみ）

教採塾主催。TOSS教員採用試験全国事務局長。元長野県小学校教諭。信州大学在学中から、教員採用試験対策講座を行い、12年間で延べ5,000人以上を指導してきた。現在は、対面およびオンラインで「教採塾」を全国で開催し、週4回指導の「音声セミナー」や、無料メルマガの「教採突破ライン」の配信も行っている。YouTuberとしても活動し、1年間で登録者数4,000人を突破。面接模擬授業、願書の書き方などの教採関係の動画や、特別支援に関する動画など、幅広い情報を配信し人気を集めている。著書に『教員採用試験パーフェクトガイド　合格への道・面接編・小論文編・東京都 論文・面接2021年度』（学芸みらい社）がある。

＜教採塾HP＞
https://kyousaijuku.jimdofree.com/

■ STAFF

本文デザイン	荒井玲子（アライブリプレス）
イラスト	キットデザイン
編集協力	コンセント
	常井宏平

5000人以上を指導したカリスマ講師が教える！

教員採用試験 面接試験攻略法

監修	岸上　隆文
発行者	佐藤　秀
発行所	株式会社つちや書店
	〒113-0023
	東京都文京区向丘1-8-13
	TEL 03-3816-2071
	FAX 03-3816-2072
	E-mail　info@tsuchiyashoten.co.jp
印刷・製本	日経印刷株式会社